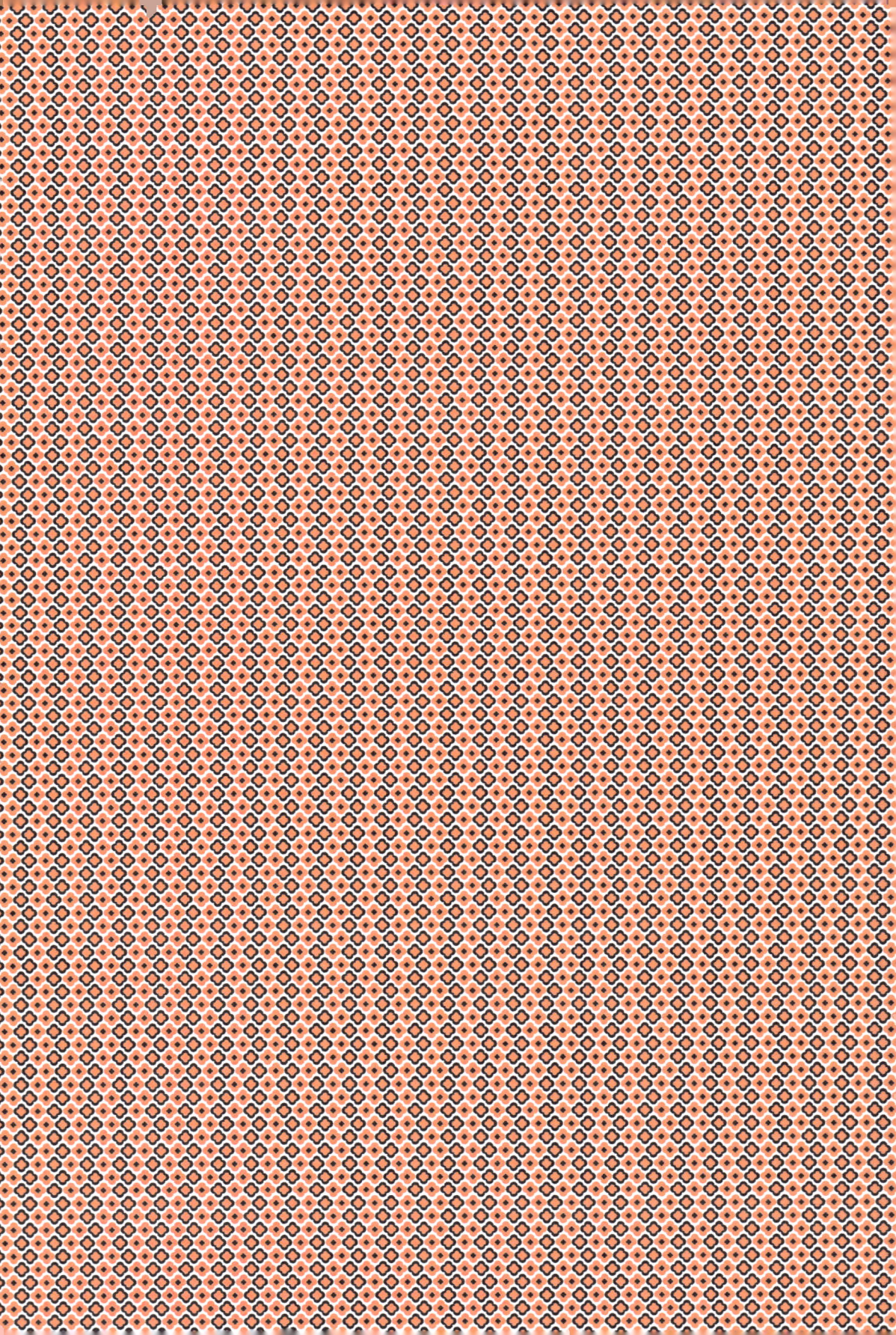

VERTRAUTE EXOTEN

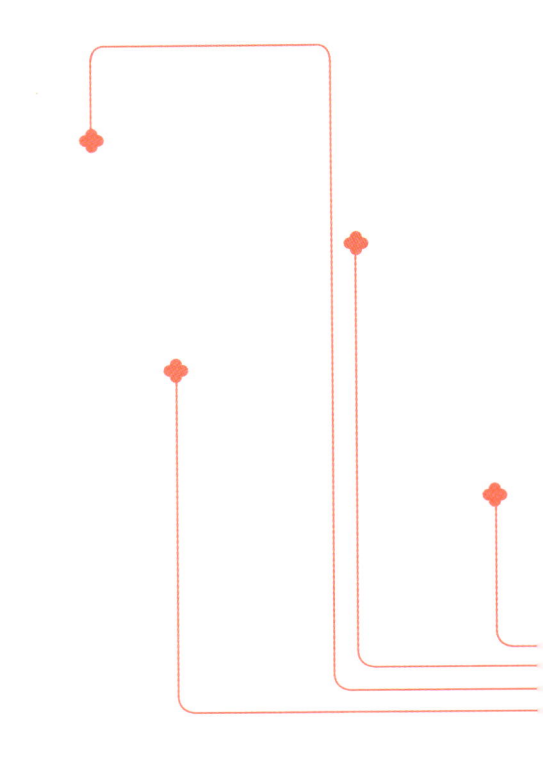

Annette Diekmann-Müller

Vertraute Exoten

GARTENBLUMEN AUS ALLER WELT

JAN THORBECKE VERLAG

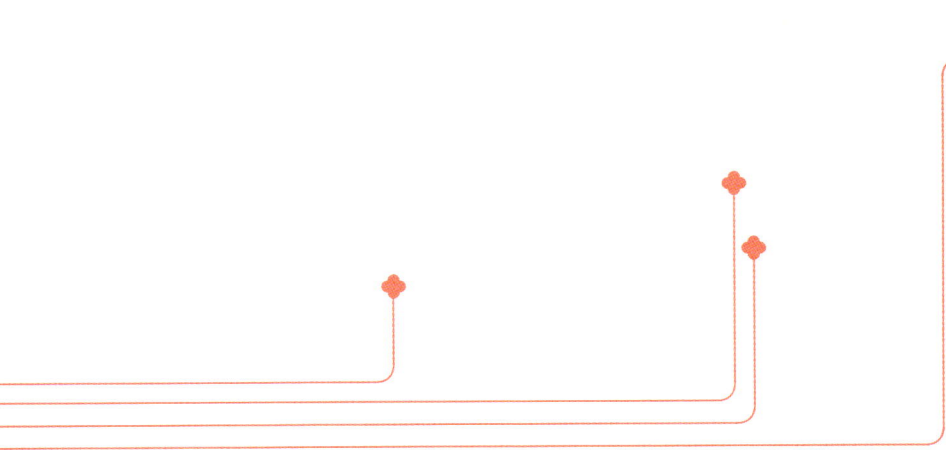

Bibliografische Information der Deutschen Nationalbibliothek

Die Deutsche Nationalbibliothek verzeichnet diese Publikation in der Deutschen

Nationalbibliografie; detaillierte bibliografische Daten sind im Internet über

http://dnb.d-nb.de abrufbar.

© 2009 by Jan Thorbecke Verlag der Schwabenverlag AG, Ostfildern

www.thorbecke.de · info@thorbecke.de

Dieses Buch ist aus alterungsbeständigem Papier nach DIN-ISO 9706 hergestellt.

Gestaltung: Finken & Bumiller, Stuttgart, Saskia Bannasch

Gesamtherstellung: Jan Thorbecke Verlag, Ostfildern

Printed in Germany

ISBN 978-3-7995-3553-3

Inhalt

ECHINACEA /
RUDBECKIA

ESCHSCHOLTZIA

YUCCA

FUCHSIA

BEGONIA /
PETUNIA

TULIPA /
RANUNCULUS /
FRITILLARIA /
HYACINTHUS

PAEONIA /
CHRYSANTHEMUM /
DICENTRA /
ASTILBE

HYDRANGEA

IMPATIENS

GLADIOLUS /
PELARGONIUM /
LOBELIA /
DOROTHEANTHUS /
GAZANIA

Einführung

Blumen im Garten!
Ich red' Euch an mit Seufzern statt mit Worten
Ihr könnt von mir nicht andren Gruß erwarten.
Blumen im Garten!
Ihr zeigt ein einzig Bild mir aller Orten
Und seid nur scheinbar von verschiednen Arten.

So wendet sich der fränkische Dichter Friedrich Rückert in der ersten Hälfte des 18. Jahrhunderts den Blumen in seinem Garten zu, um sie dann im weiteren Verlauf des Gedichtes einzeln anzusprechen: *Blüte vom Veilchen, …, blühende Mohne, blühnde Hortense, blühnde Narzisse, Lilie vom Schwertchen, … , Tulpen, Tulpanen, … , Blühnde Päone, Blüte der Nelke, …, am Rosmarine, …, Blüte der Aster, …, blüh Oleander … Vergiß-meinnichtchen, … blüh Kamille …* Vor dem Auge des Lesers entsteht das Bild eines bunten Blumengartens, in dem Frühlings-, Sommer- und Herbstblumen einträchtig nebeneinander stehen.

Vor allem aber ist es eine bunte Mixtur aus ursprünglich südeuropäischen (Oleander, Rosmarin, Veilchen), vorderasiatischen (Schwertlilie, Tulpe), ostasiatischen (Hortensie, Pfingstrose) und amerikanischen (Aster) Pflanzen, die – *nur scheinbar von verschiednen Arten* – jede Einzelne auf ihre Weise zu dem harmonischen Bild ihren Beitrag leisten. Da ging es ihm nicht anders als dem Gartenbesitzer heute, der auf ein Sommerbeet mit Phlox, Rittersporn und Rudbeckia blickt, oder dem Balkonbesitzer, der einen Sommer lang die mit Geranien und Lobelien bestückten Balkonkästen betrachtet. Diese Pflanzen erscheinen uns derart vertraut, als hätten sie »schon immer« zu unserer Gartenkultur gehört. Da nimmt man einfach hin, dass viele von ihnen nicht winterhart sind und den Winter im Haus verbringen müssen; allenfalls ärgert man sich vielleicht über den Aufwand, den man dafür betreiben muss.

Dabei stammen sie zu großen Teilen von exotischen Pflanzen ab, die Hunderte bis Tausende Kilometer von uns entfernt beheimatet sind und im Laufe von Jahrhunderten die mitteleuropäischen Gärten eroberten. Ihre »Wurzeln« zurückzuverfolgen, bietet die Möglichkeit einer Reise um die Welt und durch die Zeit, wobei ihre Geschichte in Mitteleuropa - im Folgenden geordnet nach dem Jahrzehnt ihrer Einführung - letztlich über 300 Jahre umspannt:

Als wären sie schon immer bei uns zu Hause, finden sich in Bauerngärten exotische Pflanzen neben einheimischen.

1560 Tulpe (Vorderasien) / Hyazinthe (Vorderasien) / Kaiserkrone (Vorder-asien) / Sonnenblume (Mittelamerika) 1580 Ranunkel (Vorderasien) 1640 Yucca (Nordamerika) 1680 Lobelie (Afrika) / Geranie (Afrika) / Mittagsblume (Afrika) 1690 Echinacea (Nordamerika) 1700 Rudbeckia (Nordamerika) 1730 Phlox (Nordamerika) 1750 Gladiole

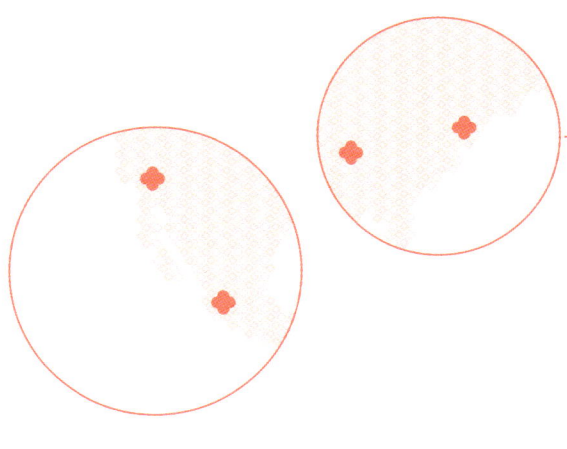

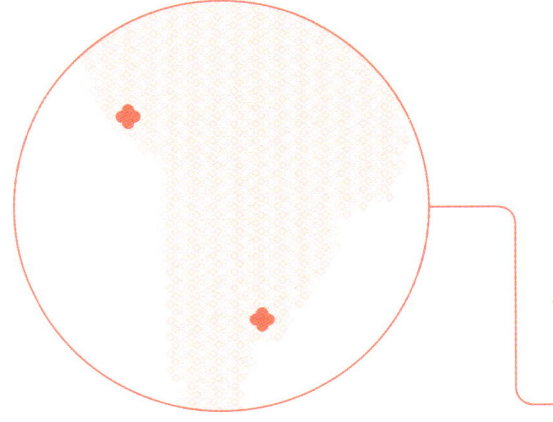

(Afrika) 1790 Fuchsie (Mittelamerika) / Dahlie (Mittelamerika) 1810 Pfingstrose (Ostasien) 1820 Goldmohn (Nordamerika) / Begonie (Südamerika) / Petunie (Südamerika) 1830 Prachtspiere (Ostasien) 1850 Chrysantheme (Ostasien) / Tränendes Herz (Ostasien) 1860 Hortensie (Ostasien) 1880 Fleißiges Lieschen (Afrika)

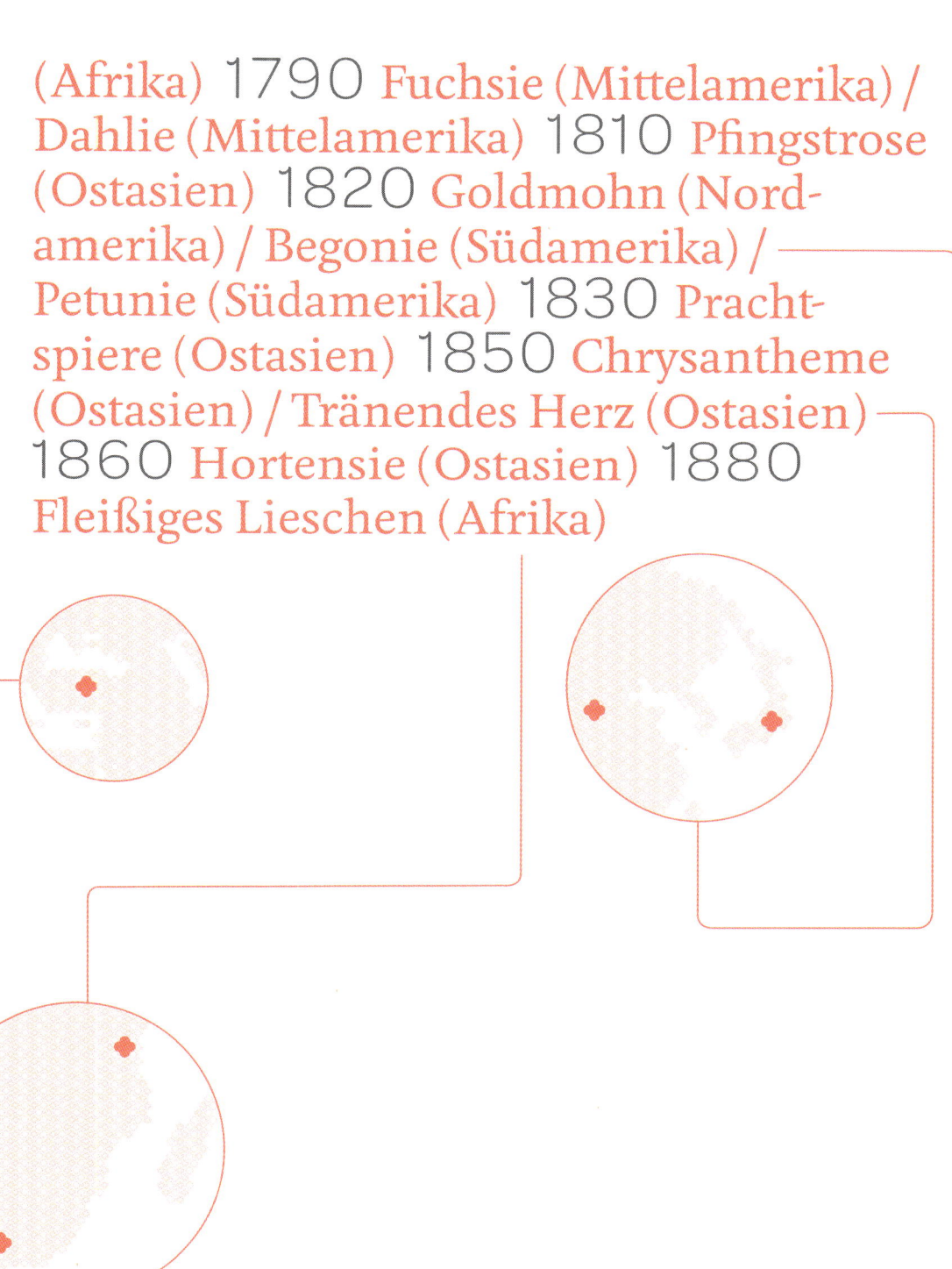

Die Erforschung ferner Länder oder Welten in immer größerer
Entfernung hatte den Mitteleuropäern ungeahnte Möglichkeiten
eröffnet, mehr und mehr Pflanzen zu »entdecken« und einzuführen.
Vor 2000 Jahren waren es bereits die Pflanzen des Mittelmeer-
raumes gewesen, von denen hier allerdings nicht die Rede sein soll,
vor 450 Jahren kamen türkische hinzu und fast zeitgleich im Zuge
der großen Entdeckungsreisen die ersten mittelamerikanischen. Im
Verlaufe der Kolonialisierung wurden sukzessiv nordamerikanische,
dann afrikanische und südamerikanische, schließlich ostasiatische
sowie australische Pflanzen entdeckt, wobei die Kontinente von den
Küsten aus erforscht wurden und die Erkundung des Inneren teilweise beträchtliche Zeit in Anspruch nahm. Der Motor dieser Welt-
reisen war der Handel mit Bodenschätzen und Waren, unter denen
die Gewürze wie Pfeffer, Zimt oder Gewürznelken eine besondere
Rolle spielten, da mit ihnen unglaublich viel Geld zu verdienen war.
So vielfältig wie die Pflanzen, die im Zuge der Entdeckungsreisen
gefunden wurden, so vielfältig sind beziehungsweise waren die an
diesem Prozess beteiligten Menschen oder übergeordneten Institu-
tionen: Die Geschichten, welche die Forschungsreisenden erzählen,
handeln von der Schönheit der Blumen, aber auch von dem Prestige,
Pflanzen zu besitzen, die den eigenen Garten veredeln – oder wie
der Staudenzüchter Karl Förster (1874-1970) es ausdrückte: *Wer mit
seinem Garten schon zufrieden ist, verdient ihn nicht.* Dies trifft auf den
Fürsten mit seinem Barockgarten letztlich genauso zu wie auf den
Bauern mit seinem Gemüsegarten oder den Bewohner einer Miet-
wohnung mit Balkon.

Es ist offenbar ein urmenschliches Bedürfnis, Pflanzen aus der Wildnis in einen Garten, also ein umzäuntes Stück Land in der Nähe eines
Wohnhauses, zu holen – und das nicht mit dem Ziel, einen wirtschaftlichen Ertrag zu erhalten, sondern allein der Zierde wegen. Es lässt
sich nachweisen, dass in allen antiken Hochkulturen, in Ägypten wie
in China oder in Persien, die Gartenkultur einen hohen Stellenwert
hatte. Die Anlage eines Gartens war allerdings zunächst immer den
Herrschenden vorbehalten, denn einen Garten zu unterhalten war
(und ist) kostspielig, und allein die Wasserversorgung war eine teure
Angelegenheit, zumal, wenn das zu kultivierende Land der Natur
abgetrotzt werden musste. Daran änderte sich über die Jahrtausende
nichts, auch nicht, als der Ziergarten, beeinflusst durch griechische
und römische Autoren, um den Nutz- bzw. Heilpflanzengarten er-
gänzt wurde, und auch nicht im Wechselspiel der unterschiedlichen

Die Illustratoren von
Leonhart Fuchs' »De
Historia Stirpium« (1542)
bei der Arbeit.

PICTORES OPERIS,

Heinricus Füllmaurer. **Albertus Meyer.**

SCVLPTOR
Vitus Rodolph. Speckle.

Gartenmoden. Bis heute eine Konstante blieb auch die Beziehung
zwischen einem Gartenbesitzer und seinem Garten, in dem sich
die Persönlichkeit des Eigentümers widerspiegelt. Um dieses
umzusetzen, mussten sich die jeweils Herrschenden - ob Fürst, König
oder Kaiser - bzw. ihre Gärtner etwas einfallen lassen. Vor allem sie
waren damit an neuen Pflanzen - je ungewöhnlicher, desto besser -
besonders interessiert.

Im 16. Jahrhundert, also zu der Zeit, in der die ersten exotischen
Pflanzen in mitteleuropäische Gärten Einzug hielten, hatte sich
- nachdem die Renaissance in Italien wieder den reinen Ziergarten
entdeckt hatte - im Zeitalter des Barock eine Gartenarchitektur entwickelt, die auch am Hofe kleinerer Landespotentaten wie dem Fürst-
bischof von Eichstätt Johann Conrad von Gemmingen (1561-1612)
legendäre Gärten entstehen ließ. Diese sollten durch ihre strenge
Form - gepaart mit einer üppigen Bepflanzung - den Glanz und die
Stärke der Herrscher repräsentieren. Da fielen die Bemühungen
eines Gärtners wie Carolus Clusius in Wien, der die Zwiebelpflanzen
aus Kleinasien hoffähig machte, im wahrsten Sinne des Wortes auf
fruchtbaren Boden, und die Landesherren rissen ihm die Zwiebeln
geradezu aus den Händen.

Mit der Entwicklung einer Kultur geht auch eine Steigerung der
Bedeutung des Bürgertums einher. Das galt für das antike China
genauso wie für das antike Rom, die Azteken in Mexiko oder das
Mitteleuropa der Neuzeit. Als mehr oder weniger unabhängige
Bevölkerungsgruppe kopierten die Bürger die Gepflogenheiten der
herrschenden Klasse und veränderten diese nach ihren Möglichkeiten und Belangen. So lässt sich der Privatgarten eines Augsburger
Ratsherrn im 16. Jahrhundert (in dem immerhin die erste Tulpe
auf mitteleuropäischem Boden blühte) nicht mit den herrschaft-
lichen Gärten der Fürsten vergleichen, und doch schufen Kaufleute,
Stadträte, Ärzte und Apotheker mit teilweise erheblichem Aufwand
sehenswerte Gärten.

Die Apotheker hatten zudem ein besonderes Interesse an einem gut
bestückten Garten, denn in der Tradition der Klostergärten waren
dies die Orte, an denen die Heilpflanzen angebaut beziehungsweise
die Kenntnisse über ihre Wirkung weitergegeben und ausgebaut wurden. Diese Auseinandersetzung mit der besonderen Eigenschaft von
Pflanzen, Krankheiten heilen zu können, war im Übrigen eine Trieb-
feder der Pflanzensammelreisen, mit denen der Arzneischatz erheblich erweitert werden konnte, wenn man beispielsweise an den gegen

Malaria wirksamen Arzneistoff Chinin aus der südamerikanischen Chinarinde denkt. In der Geschichte der Gartenpflanzen nimmt der Apothekergarten der Londoner Apotheker in Chelsea eine ganz besondere Position ein, da er im 18. Jahrhundert einer der am besten bestückten Botanischen Gärten der Welt war (siehe unter Gladiole) – also mit den königlichen Gärten durchaus mithalten konnte – und eine Bedeutung weit über der eines reinen Heilpflanzengartens innehatte.

Die »ordinären« Bürger, also die eigentlichen Hobbygärtner, waren allerdings diejenigen, die auf lange Sicht zu der ungeheueren Verbreitung der Gartenpflanzen, auch der exotischen, beitrugen. Da wuchs im Laufe der Zeit flächendeckend Erfahrung und Expertise abseits der Gärtnereien und Universitäten im Umgang mit den Pflanzen heran, die sich auch in der Gründung von Pflanzengesellschaften äußerte. Die berühmteste ist die Royal Horticultural Society in London, aber auch in Deutschland gibt es eine Gartengesellschaft (Gesellschaft zur Förderung der Gartenkultur) und zahlreiche Spezialgesellschaften (Stauden-, Fuchsien-, Dahlien- oder Gladiolengesellschaft, um nur einige zu nennen), in denen zwar auch Gärtner oder andere Fachleute, vor allem aber kundige Laien organisiert sind. Exotische Pflanzen fanden auch ihren Platz in den Gärten der Bauern – allerdings teilweise mit großer Verspätung, wenn man den Zeitraum zwischen der Einfuhr einer Pflanze nach Europa und der weiten Verbreitung in den Bauerngärten betrachtet. Die Zahl der verfügbaren Pflanzen musste natürlich steigen und der Preis fallen, bis auch ein Landwirt sich Pflanzen aus fremden Welten leisten konnte. Im Falle der Dahlien ging das noch relativ schnell und dauerte etwa 60 Jahre, beim Phlox bereits 100 Jahre und im Falle der Kaiserkrone sogar etwa 300 Jahre. Dennoch gelang in den Bauerngärten etwas, das sich ab dem Beginn des 20. Jahrhunderts als stilbildend herausstellen sollte: die Kombination eines Nutz- mit einem Zierpflanzengarten (als Rückbesinnung auf die mittelalterlichen Klostergärten) wie auch die Verbindung von einheimischen, südeuropäischen und exotischen Pflanzen. In England durch große Gärtnerinnen wie Gertrude Jekyll (1843–1932) perfektioniert, wurde die Bauerngartenbepflanzung die bis heute vorherrschende Privatgartenform in ganz Mitteleuropa. Sie lässt zwischen niedrigen Buchsbaumhecken Hortensien neben Stockrosen, Dahlien neben Rosen oder Kapuzinerkresse neben Salbei wachsen …

2

C. LINN

1

6

… und reichlich Georginen [= Dahlien],
sieh an, sie kommen grad!
Und vor und hinter ihnen
Kohlrabi und Salat.

AUS: »BAUERNGARTEN« VON JOSEF WEINHEBER (1892–1945)

Auf der anderen Seite verbergen sich hinter den Schönheiten im Blumenbeet aber auch diejenigen, die versuchten, die Nachfrage nach neuen Pflanzen zu befriedigen: die Pflanzensammler, Naturforscher, Botaniker und Pflanzenjäger. In Lebensleistungen, die vom heutigen Standpunkt aus fast unmöglich erscheinen, sammelten, katalogisierten und systematisierten sie Pflanze um Pflanze. Heute geht man davon aus, dass es weltweit über 400.000 (Blüten-)Pflanzenarten gibt, von denen etwa 50.000 in Gärten zu finden sind. Wenn man bedenkt, dass die Kräuterbücher der frühen Neuzeit, wie das des Leonhart Fuchs von 1543, etwa 500 Pflanzen verzeichneten, kann man sich vorstellen, welcher Aufwand betrieben werden musste.

Carl von Linné, umgeben von einiger der Pflanzen, die er klass fizierte.

Im 16. Jahrhundert wurde zunächst vor allem gesammelt – das galt nicht nur für Pflanzen, sondern auch für Tiere, Muscheln, Mineralien und Kuriositäten, wie die großen Naturalien- oder Wunderkammern bezeugen. An diesem Zusammentragen möglichst vieler unbekannter Objekte beteiligten sich Gärtner, Ärzte und Apotheker, die dann mit dem Oberbegriff »Naturforscher« belegt wurden, da sie sich häufig eben nicht nur auf das Pflanzensammeln beschränkten, sondern auch die Tierwelt und die Kultur der jeweils Einheimischen »unter die Lupe« nahmen.

Mit einer »Sammlung« begann auch der schwedische Arzt Carl von Linné (1707–1778), der uns immer wieder begegnen wird, da er für die Botanik, also die wissenschaftliche Erforschung der Pflanzenwelt, eine Zeitenwende markiert. Linné hatte Lappland 1732 durchwandert, bevor er begann, die Pflanzen systematisch einzuteilen: Die 4000 Pflanzen, die er im Laufe seines Lebens selber sammelte und beschrieb, fasste er nach ihrem Blütenaufbau zusammen und gab ihnen mit einer Kombination aus einem Gattungs- und einem Artnamen (z.B. *Tulipa gesneriana*) eine eindeutige Bezeichnung. Obwohl es auch vorher schon Ansätze einer angemessenen Klassifikation gegeben hatte und es sich im Laufe der Zeit herausstellen sollte, dass Linnés »System« verbesserungswürdig war, beriefen sich doch in der Folge alle Gärtner, Pflanzensammler, Botaniker etc. auf ihn. Es war kein Zufall, dass Linné den Botanischen Garten der Universität Uppsala

ausbaute, wie überhaupt die Botanischen Gärten in Europa und ihre
Leiter eine bemerkenswerte Rolle bei der Einführung, Systematisie-
rung und Verbreitung der Gartenpflanzen spielen (Conrad Gesner in
Zürich, Carolus Clusius und Paul Hermann in Leiden, Joseph Pitton
de Tournefort in Paris, Joseph Banks in London – sie werden uns im
weiteren Verlauf des Buches begegnen). Diese öffentlich zugäng-
lichen Gärten boten sich ja auch geradezu an, die Pflanzen wirkungs-
voll zu präsentieren und zu kultivieren, wogegen eine getrocknete
Pflanze in einem Herbarium weder das eine noch das andere leisten
konnte.

Linné selbst sandte Schüler – er bezeichnete sie als seine »Apostel« –
in alle Welt, wie beispielsweise Peter Thunberg nach Ostasien (siehe
unter Hortensie), allein mit dem Ziel, immer mehr Pflanzen in
Mitteleuropa bekannt zu machen. Diese und viele andere – teilweise
für uns heute namenlosen – Pflanzensammler oder »Pflanzenjäger«
(»plant hunters«), wie sie in England genannt wurden, bereisten
die entlegensten Gebiete, um Pflanzen aufzuspüren, mit denen sich
»Staat machen« ließ. An Bord der großen Weltumsegelungen waren
Botaniker oder auch Abenteurer, die eine Unmenge von Pflanzen mit
nach Europa brachten – zum Ruhme derjenigen, die sie bezahlten.
Ehre konnten sie dabei auch selbst erlangen – viele Pflanzen sind un-
trennbar mit ihren Entdeckern verbunden, viele tragen sogar deren
Namen –, aber zu denken ist auch an die vielen Forscher, die ihre
Gesundheit oder sogar ihr Leben in der Ferne ließen.

Einer breiten Öffentlichkeit wurden diese »Trophäen« in eigens zu
diesem Zweck geschaffenen Zeitschriften, wie dem »Curtis's Botani-
cal Magazine«, welches seit 1787 ununterbrochen erscheint, vorgestellt. In Deutschland gab es von 1852 bis 1926 die unter Gärtnern
äußerst beliebte Zeitschrift »Gartenflora – Monatsschrift für Deutsche und Schweizerische Blumenkunde«, die jeweils die neuesten
Errungenschaften für das Gartenbeet vorstellte. Und die Zahl der
Zeitschriften entwickelte sich selbstverständlich entsprechend der
Zahl der Pflanzen konstant nach oben.

Während der Applaus groß war für diejenigen, welche die Pflanzen
sammelten und »nach Hause« holten, blieben die Gärtner jedoch
häufig im Dunkeln. Dabei waren sie es, die aus den teilweise doch
sehr schlichten, einfachen, unscheinbaren Wildpflanzen wahre
Prachtexemplare schufen. Der Prozess der Pflanzenzüchtung dauert
nun – je nach Pflanze natürlich verschieden lang – bereits Jahrhunderte, bei der Tulpe z.B. schon über 400 Jahre. Es ist ein langer und

komplizierter Weg der Kreuzung der Pflanzen mit einer anschlie-ßenden Auslese der Nachkommen mit den besten Merkmalen, wobei sich neben der Blütenfarbe auch Merkmale wie Blütenform, Blatt-form, Größe, Duft, Winterhärte, Toleranz anderer Böden sowie heute auch Schädlings- oder Krankheitstoleranz variieren lassen. Doch auch unter den Gärtnern oder besser gesagt Gartenbaubetrieben gab es einige, die ans Licht traten, wenn man an die beiden deutschen Züchter Karl Förster (siehe unter Phlox) oder Georg Arends (siehe unter Prachtspiere) denkt, in Frankreich an Victor Lemoine (siehe unter Pfingstrose) oder in England an Veitch & Sons (siehe ebenfalls unter Prachtspiere), eine Firma, die so groß war, dass sie sogar eigene Pflanzenjäger beschäftigte.

Aber nun zu den eigentlichen »Hauptpersonen« dieses Buches: den Pflanzen. Die im Folgenden präsentierten stellen eine kleine Aus-wahl aus der Fülle der exotischen Pflanzen dar. Vielleicht wird der Leser die ein oder andere Pflanze schmerzlich vermissen … wie zum Beispiel die Rosen aus dem Orient beziehungsweise aus China, deren Geschichte zu komplex ist, um sie in Kürze abzuhandeln. Konzen-triert habe ich mich auf die Gartenblumen – die beliebtesten wie Geranien und Sonnenblume stehen neben weniger bekannten wie Goldmohn oder Yucca –, so dass auch Gartensträucher, die größten-teils aus fernen Ländern zu uns gekommen sind, wie die Forsythie aus China oder der Flieder aus Vorderasien, unberücksichtigt bleiben mussten. Vorhang auf für: die Pflanzen.

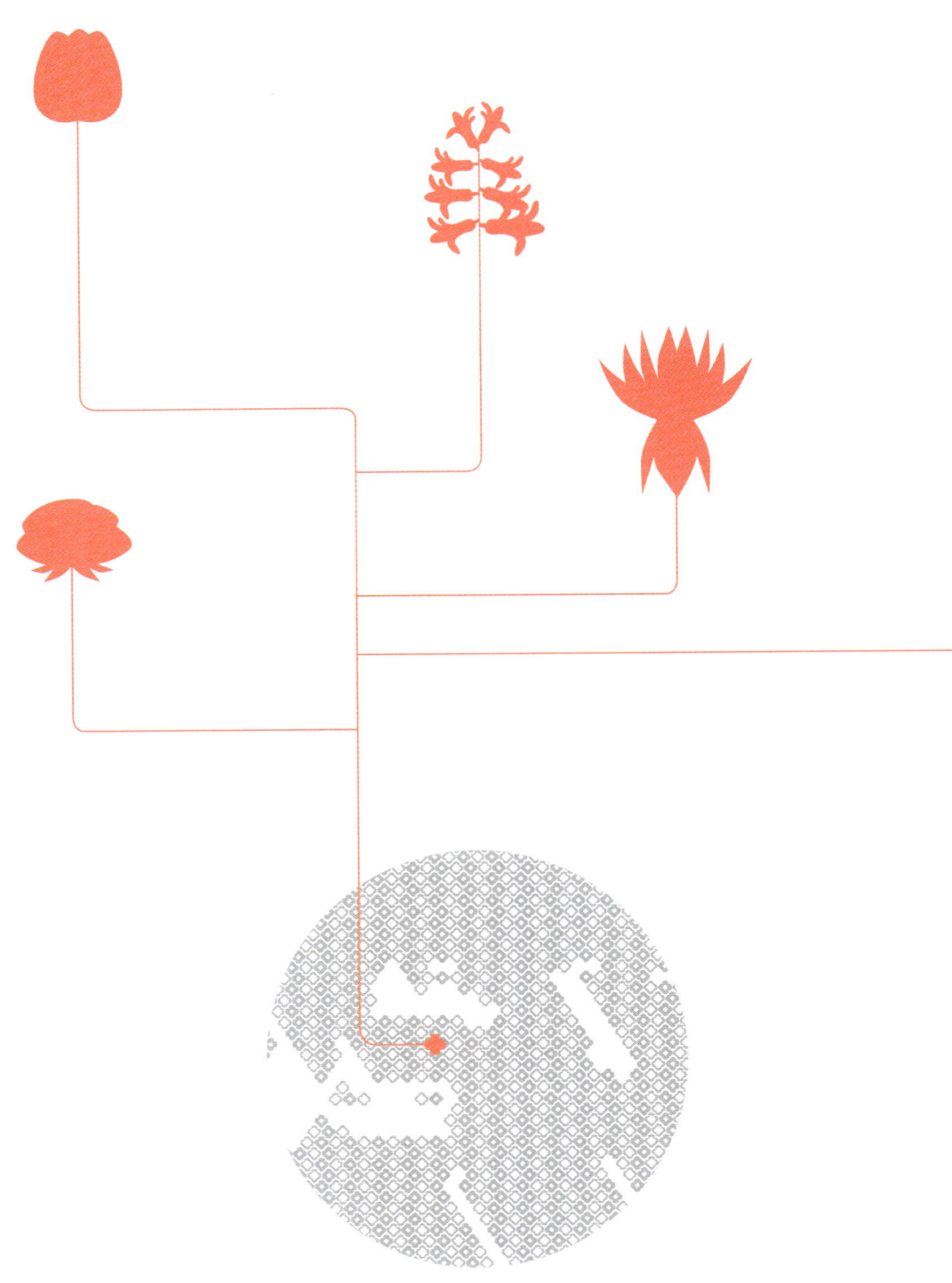

Pflanzen aus
Vorder- und Kleinasien

Vorderasien, auch als Südwestasien bezeichnet, erstreckt sich
von Israel im Westen bis zum Iran im Osten, von der Türkei im
Norden bis zum Jemen im Süden. Das Klima ist außer an den
Küsten als kontinental zu bezeichnen, das heißt, es ist durch
Niederschlagsarmut und Lufttrockenheit sowie starke jahreszeit-
liche Temperaturschwankungen gekennzeichnet – baumlose Steppen und Halbsteppen mit Gräsern, Kräutern und Sträucher prägen

weite Landstriche. Die Küstenregionen sind allerdings wegen der
größeren Regenmengen, vor allem im Winter, bevorzugte Gebiete
mit optimalen Bedingungen und einer immergrünen, mediterranen
Vegetation, ebenso wie die Gebiete entlang der großen Flüsse. Eine
Vielzahl von Kulturen findet sich in diesem Gebiet, darunter einige
der ältesten der Menschheit. Nachdem die Osmanen, ursprünglich
ein kleines Volk aus Kleinasien (etwa die heutige Türkei), riesige
Gebiete Vorderasiens, aber auch Nordafrikas sowie Südeuropas bis
zum 15. Jahrhundert unter ihre Herrschaft gebracht hatten, wurde
ihre Hauptstadt Konstantinopel, heute Istanbul, zum Schmelztie-
gel all dieser Kulturen mit ihren Besonderheiten und Traditionen,
die eine hoch entwickelte Gartenkultur einschlossen. Die Wirkung
auf die europäischen Handelsreisenden und Diplomaten, die sich
in großer Zahl in der Stadt und der Region aufhielten, muss enorm
gewesen sein.

Tulpen aus … Istanbul – Tulpe *(Tulipa)*   Der Text des Schlagers
aus den 50er-Jahren heißt ja eigentlich »Wenn der Frühling kommt,
dann schick' ich Dir Tulpen aus Amsterdam« - und tatsächlich
stammen heutzutage 90 Prozent der jährlichen Produktion von zehn
Milliarden (!) Zwiebelblumen aus den Niederlanden. Doch wer weiß,
wie alles gekommen wäre, wäre der Gesandte des österreichischen
Kaisers in Konstantinopel nicht so begeistert von den Tulpen gewesen, dass er sie mit nach Wien nahm, hätte nicht ein unglaublich
kundiger Gärtner und Botaniker zu dieser Zeit dort die Leitung
des kaiserlichen Gartens innegehabt und hätte eben dieser Gärtner
nicht wegen religiöser Probleme nach Holland umziehen müssen
… Aber nun der Reihe nach: 1554 hatte der österreichische Kaiser
den flämischen Diplomaten Ogier Ghislain de Busbecq (1522–1592)
nach Konstantinopel gesandt mit der Mission, mit dem osmanischen
Herrscher Süleyman I. über einen Waffenstillstand zu verhandeln.
Dieser regierte zur damaligen Zeit ein riesiges Reich, das sich von
dem gesamten östlichen Mittelmeer bis nach Nordafrika, dem heutigen Osteuropa bis nach Ungarn (vor den Toren Wiens) sowie über
große Teile Vorderasiens (den heutigen Iran und Irak) erstreckte. De
Busbecq traf auf einen überaus prächtigen Hofstaat mit auffälligen,
riesigen Blumengärten, in denen Rosen, Hyazinthen, Nelken, Lilien,
Narzissen, Veilchen, Krokusse und Tulpen von 900 Gärtnern zum
Blühen gebracht wurden. Beeindruckt von allem, was er sah, führte
de Busbecq Tagebuch und gab diese Aufzeichnungen als »Briefe« an
einen Freund heraus, mit der Absicht, Westeuropa von der Kultur der
Osmanen in Kenntnis zu setzen. Erwähnung fanden dabei natürlich
auch die Tulpen, wobei er sich in deren Namen irrte, glaubte er doch,
die Türken würden sie *tulipan* nennen - stattdessen war ihr Name *lalé*.
Aber de Busbecq beschrieb die Pflanzen nicht nur, sondern erstand
auch Zwiebeln und sandte sie nach Wien. Allerdings müssen diese nicht unbedingt die ersten Tulpen in mitteleuropäischer Erde
gewesen sein, denn es gibt eine Beschreibung aus Italien aus dem
Jahre 1559 und einen Holzschnitt aus dem Jahre 1561, der eine Tulpe
in einem Apothekergarten in Augsburg zeigt, die wahrscheinlich von
venezianischen Handelsreisenden mitgebracht wurde. Der Urheber
dieses Dokumentes, der Schweizer Naturforscher Conrad Gesner
(1516–1565), wurde später durch Carl von Linné zum Namensgeber
der Gartentulpe *(Tulipa gesneriana)* »geadelt«. Was de Busbecq
sicherlich auch nicht wusste, ist, dass die Tulpen nicht originär in
der Region der heutigen Türkei vorkommen. Sie wachsen wild von

Bis aus einem Tulpen-
samen eine blühende
Tulpe gewachsen ist,
vergehen sieben Jahre.

Nordafrika über Vorderasien, Zentralasien (Usbekistan, Afghanistan) bis nach Ostasien. Diese Wildtulpen – nur bis etwa 30 Zentimeter große Arten – waren bereits seit etwa 1000 Jahren durch die Perser kultiviert worden, von denen wiederum die Osmanen diese Tradition übernahmen.

Doch zurück zur Geschichte: Nun wuchsen die Tulpen also in Wien. Eben dorthin wurde der flämische Botaniker Charles de l'Écluse, bekannter unter dem nach damaliger Mode latinisierten Namen Carolus Clusius (1526–1609), 1573 durch den österreichischen Kaiser berufen, mit der Aufgabe, einen prächtigen kaiserlichen Garten anzulegen, der möglichst viele verschiedene Pflanzen enthalten sollte, um andere vergleichbare Gärten auszustechen. Da geriet der Kaiser mit Clusius genau an den Richtigen, denn wenn man von »Pflanzenjägern« spricht, kann man Clusius sicher als einen solchen bezeichnen. Zum damaligen Zeitpunkt hatte er bereits Reisen durch halb Europa hinter sich, auf denen er unzählige Pflanzen beschrieben und gesammelt hatte. Als er 1588 Wien wieder verlassen sollte bzw. musste, war eine umfangreiche Zwiebelsammlung hinzugekommen, die er teilweise von de Busbecq selbst, teilweise von anderen Gesandten aus Konstantinopel erhalten hatte. Der Umzug war aus religiösen Gründen notwendig geworden, weil der protestantische Clusius am katholischen Hof in Wien zunehmend Schwierigkeiten hatte.

In der Zwischenzeit hatte sich die Tulpe auch über andere Mittelsmänner in ganz Mitteleuropa verbreitet, und es finden sich mehr und mehr Berichte über die erfolgreiche Kultur der Blume. So wurden beispielsweise 1582 in England erste Tulpen gezüchtet, aber es blieb wegen des fokussierten Blicks auf Holland weitgehend unbemerkt, dass in England Gärtner über einen langen Zeitraum eine sehr umfangreiche und erfolgreiche Zucht betrieben. Clusius' Arbeiten mit den Tulpenzwiebeln, die er seit 1593 in Leiden durchführte, waren jedenfalls in Holland der Auftakt zu dem Entstehen einer richtigen Industrie. Dazu trug auch bei, dass aus seinem Garten mehrfach Zwiebeln gestohlen wurden, mit denen findige Händler gute Geschäfte machen konnten. Langsam wurde die Tulpe eine richtige Modeblume, und wer es sich irgendwie leisten konnte, kaufte Zwiebeln. Deren Wert stieg ins Unermessliche, wurde Gegenstand einer unglaublichen Spekulation, bis die Regierung 1637 einschritt und staatliche Preise einführte. Eine Unmenge von Adligen, Bürgern, Geschäftsleuten und Gärtnern war nun ruiniert, und die Auswirkungen auf den Einzelnen lassen sich nur erahnen. Von John

In Holland findet man mit dem milden Klima und einer günstigen sandigen Beschaffenheit des Bodens besonders gute Bedingungen für die Tulpenzucht.

Tradescant dem Jüngeren (1608-1662), einem englischen Gärtner, wurde bekannt, dass er daraufhin in die Neue Welt fahren musste, um Pflanzen zu sammeln - er brachte von diesen Reisen beispielsweise die Yucca (siehe unten) mit - und damit die Schulden aus dem Tulpenzwiebelgeschäft zurückzahlen zu können.

Mit den dann in der Folge wieder moderateren Preisen stieg die Verbreitung der Blume, und es konnten sich mit der Zeit selbst einfachere Bürger Tulpen für ihren Garten leisten. Aber auch die Adligen in ganz Europa ließen nicht von ihr ab: Ludwig XIV. (1638-1715) beispielsweise ließ jedes Jahr vier Millionen Tulpenzwiebeln importieren - und es wirkt fast wie eine Ironie der Geschichte, dass der Sultan in Konstantinopel Ahmet III. (1673-1736), dessen Herrschaftszeit heute als »Tulpenzeit« bezeichnet wird, dem französischen König nacheiferte und jede Menge Tulpen aus Holland einführte. Im Frühjahr wurden dann Feste gefeiert, die an Pracht und Prunk nicht zu überbieten waren: Die Besucher mussten sich in Samt und Brokat in den Farben der Tulpen kleiden und saßen dann an Elfenbeintischen, auf denen Vasen und mit gefärbtem Wasser gefüllte Kristallkugeln standen, inmitten der Beete. Doch Paul Gerhardt (1606-1676) hatte in seinem berühmten Lied »Geh aus mein Herz und suche Freud« befunden: ... *Narzissus und die Tulipan, die ziehen sich viel schöner an, als Salomonis Seide* ...

Der Tulpenboom ist seit diesen Zeiten bis in unsere Tage ungebrochen - die Zahl der Züchtungen und damit Sorten, die über die Jahrhunderte produziert wurden, ist nicht zu zählen. Es zeigte sich allerdings, dass viele dieser neu entstandenen Tulpen nicht über mehrere Jahre stabil sind und deswegen auch wieder verschwinden, zumal die Tulpen dazu neigen, plötzlich die Farbe oder Form von Knospen oder Blüten zu verändern. So gibt es heute mit etwa 1200 Züchtungen sogar weniger Sorten als etwa in der Zeit um 1750, als man etwa 5000 verschiedene Tulpen zählte.

Die Zahl der Tulpenarten liegt zwischen 100 und 150, von denen eine ganz Reihe als »Wildtulpen« sehr gefragt sind.

PFLEGETIPPS Tulpen im Garten sind äußerst pflegeleicht: Sie vertragen Sonne genauso gut wie den Schatten. Nachdem die Zwiebeln im September und damit einige Wochen vor dem ersten Frost gesetzt wurden – die Setztiefe sollte das Doppelte der Höhe der Zwiebeln, der Pflanzabstand etwa acht Zentimeter betragen – kann man das Frühjahr einfach abwarten. Setzt man Zwiebeln derselben Sorte in verschiedene Tiefen, kann man die Blühdauer um bis zu zwei Wochen verschieben. Nach der Blüte, die je nach

Sorte zwischen Februar und Juni stattfindet, schneidet man diese ab, lässt jedoch die Blätter welken, um die Einlagerung von Nährstoffen in die Zwiebel zu fördern. Obwohl die Zwiebeln an sich winterhart sind, passiert es dennoch häufig, dass sie im nächsten Jahr gar nicht oder verändert (siehe oben) blühen – und leider lieben Wühlmäuse Tulpenzwiebeln. Viele Gärtner entnehmen daher im Sommer die Zwiebeln und setzen sie im Herbst neu.

Ein Hauch von Orient – Hyazinthe *(Hyacinthus)*

Es war wie eine »Entführung aus dem Serail«, als *Hyacinthus orientalis*, die Hyazinthe, in die mitteleuropäischen Gärten geholt wurde – wiederum (siehe unter Tulpe) mit Ogier Ghislain de Busbecq sowie Carolus Clusius in den Hauptrollen. Allerdings ist die Kultivierung der Hyazinthe, deren Heimat das östliche Mittelmeergebiet, Syrien sowie der Libanon sind, vermutlich viel älter, da sie nach Überlieferungen bereits in den Gärten der Araber im Mittelalter zu finden war. Dagegen scheint es sich bei den Hyazinthen der antiken Dichter – unter ihnen besonders Ovid, dessen tragischer Held Hyakinthos Namensgeber der Pflanze wurde – um andere Pflanzen, vermutlich eine Irisart, zu handeln.

Die erste Pflanzung der Hyazinthe in einem mitteleuropäischen Garten hat gesichert vor der in Wien stattgefunden: In mehreren Pflanzenkatalogen italienischer Botaniker lässt sie sich vor 1573 nachweisen. Und doch beginnt ihr Siegeszug auf österreichischem Boden: Auf welchem Weg Carolus Clusius letztlich die Hyazinthenzwiebeln erhielt, lässt sich nicht rekonstruieren; sicher ist, dass sie unverzichtbarer Bestandteil der osmanischen Gärten waren, dass de Busbecq sie besonders wegen ihres Duftes schätzte und Hyazinthenzwiebeln nach Österreich »importierte« und dass Clusius unmittelbar nach seiner Ankunft in Wien 1573 mit der Vermehrung und der Weitergabe an befreundete Adlige oder Gartenliebhaber begann. Da sich die Hyazinthenzucht als einigermaßen einfach erwies, konnte in einem Zeitraum von 150 Jahren eine Verbreitung in vielen Gärten Mitteleuropas erfolgen. Schließlich waren die Hyazinthen im 18. Jahrhundert sogar wesentlich beliebter als die Tulpen, vielleicht auch deshalb, weil sie mit den blauen Exemplaren eine eher seltene Farbe im Garten vertreten. Auch sie wurden – rund 100 Jahre nach der Tulpe – Objekte von Spekulationsgeschäften, allerdings lagen die Spitzenpreise von Hyazinthen weit unter denen der Tulpen. Und das, obwohl zu dieser Zeit die Hyazinthenpflanzen mit etwa zehn Blüten,

Vorherige Doppelseite: Links | Der Duft, den die Hyazinthen verströmen, legt sich über das Frühlingsbeet, ist allerdings bei der Verwendung als Zimmerpflanze viel intensiver wahrzunehmen. Andererseits gibt es für das Zimmer auch Züchtungen mit einem weniger intensiven Geruch. Rechts | Bis eine Hyazinthenzwiebel in den Handel gelangen kann, vergehen drei bis vier Jahre.

welche dann häufig auch nur auf einer Seite zu finden waren, geradezu kümmerlich aussahen im Vergleich zu den heute erhältlichen
Hyazinthen, deren traubige Blütenstände bis zu 100 Blüten aufweisen.
Die Entwicklung hin zu solchen Prachtexemplaren ist fast ausschließlich holländischen Gartenbaubetrieben zu verdanken, die
sich im Norden des Landes zwischen Amsterdam und Den Helder
auf riesigen Feldern ausbreiteten und in langwierigen Prozessen der
Kultivierung, Kreuzung und Auslese (Selektion) immer reizvollere
Sorten hervorbrachten. Eine Vermehrung der Hyazinthen erfolgt
im Übrigen über Brutzwiebeln, die von der Mutterzwiebel gebildet
werden – in Poesie gekleidet, lautet das:

Diese Blume, die ich pflücke,
Neben mir vom Tau genährt,
Lässt die Mutter still zurücke,
Die sich in sich selbst vermehrt.
Lang entblättert und verborgen,
Mit den Kindern an der Brust,
Wird am neuen Frühlingsmorgen
Vielfach sie des Gärtners Lust.

AUS: »MIT EINER HYAZINTHE« VON JOHANN WOLFGANG VON GOETHE (1749–1832)

PFLEGETIPPS Bei der Auswahl der Hyazinthenzwiebeln ist darauf
zu achten, dass sowohl solche für die Freiland- als auch solche
für die Zimmerkultur erhältlich sind. Wie die Tulpen werden die
Zwiebeln im Oktober bis November an einem nicht zu feuchten,
sonnigen Platz in die Erde gesetzt und benötigen bei starkem Frost
gegebenenfalls etwas Winterschutz. Die Blütezeit liegt zwischen
März und Mai, wobei üppige Blütenstände gestützt werden sollten.
Verblühtes sollte sofort abgeschnitten werden, während die Blätter
wiederum erst nach dem Welken entfernt werden. Die Lebens-
dauer der Hyazinthenzwiebeln kann bis zu 15 Jahre betragen, doch
entwickeln sich die Prachtexemplare nicht selten wieder zu einer
schlichteren Form zurück, die dann eher der Wildform ähnelt. Will
man dies verhindern, sollte an die Entnahme von Brutzwiebeln
gedacht werden. Diese erhält man, indem die Mutterzwiebel am
Boden kreuzweise eingeschnitten und in Erde gepflanzt wird; wenn
sich dann nach einem Jahr erste Triebe zeigen, wird die Zwiebel der
Erde entnommen und die Brutzwiebeln werden abgetrennt.

FRITILLARIA racemo comoſo   inferne nudo,
foliis integerrimis.   *Linn.* S. P. 303.
Corona imperialis.   *Ludw* D.G.P. 719.
imperialis.

Kaiserglanz über dem Frühlingsbeet – Kaiserkrone (Fritillaria imperialis)

Johannes Rist (1607–1667), ein bedeutender Dichter des 17. Jahrhunderts, der im Garten eines Apothekers *Fritillaria imperialis*, die Kaiserkrone, zu Gesicht bekommen hatte, beschrieb diese Zwiebelblume 1664 trefflich: *... Es muss etwas Sonderliches oder Ungemeines in dieser Blume stecken, denn wo hat man jemals ein Gewächs gesehen, das so viele ansehnliche Glocken oder Zimbeln hat um sich herhängen ... welche zu Konstantinopel doch gemein sein sollen ... Ich bin auch dieser Meinung, dass sie der schönsten Blumen eine ist, so in der Welt mögen gefunden werden, es wird aber ihr Lob durch den all zu starken Geruch, welcher sowohl an der ... Zwiebel, als an den Blumen und dem Kraut dieses Gewächses befindlich ... gestört.*

Obwohl die Zwiebeln der Kaiserkrone heute erschwinglich sind, kostet eine Zwiebel noch immer das Zehnfache des durchschnittlichen Preises einer Tulpe.

Und tatsächlich gehören die Blüten der Kaiserkrone zu den auffälligsten Erscheinungen des Gartens: Drei bis sechs, selten auch bis acht von ihnen bilden einen Scheinquirl am oberen Ende des bis zu einen Meter langen Blütenstieles, und darüber findet sich noch ein Schopf aus Laubblättern (Krone über der Krone). Die Blüten sind zumeist orangefarben und ähneln in der Form denjenigen einer anderen Fritillaria-Art, nämlich der Schachblume, die der gesamten Gattung mit etwa 100 Arten ihren Namen gab (*fritillus* ist die lateinische Bezeichnung für »Würfelbecher«). Wie die Tulpen und Hyazinthen gehört die Kaiserkrone zur Familie der Liliengewächse (*Liliaceae*), deren charakteristische Merkmale die Zwiebel als Überdauerungsorgan, dreizählige Blüten mit sechs farbigen Blütenhüllblättern sowie einfache, glattrandige und parallelnervige Blätter sind. Was den Geruch angeht, so ist er tatsächlich sehr streng und eher unangenehm, was vielleicht dazu führte, dass die Pflanze heute selten in Gärten anzutreffen ist.

Carolus Clusius (siehe auch unter Tulpe und Hyazinthe), der seinen Ruf als »Zwiebelpapst« während seiner Gärtnertätigkeit am Hof der österreichischen Kaiser in den Jahren 1573 bis 1576 begründet hatte, indem er sich viele verschiedene Zwiebelblumen von den Gesandten aus Konstantinopel mitbringen ließ, schien der Geruch jedenfalls nicht gestört zu haben. Er war wohl eher fasziniert von der Optik dieser ungewöhnlichen Pflanze, die wild in Wäldern und auf Wiesen, aber auch auf steinigen Hängen Vorderasiens (Türkei, Iran, Irak) bis nach Pakistan in Höhen von bis zu 3000 Metern wächst und ihm wie die vorher beschriebene Tulpe und die Hyazinthe aus den türkischen Gärten aufgefallen war. Sie war zeitgleich mit ihm 1573 in Wien angekommen, allerdings muss es in Italien zwanzig Jahre

zuvor schon Fritillarien in Gärten gegeben haben. Clusius machte sie jedenfalls zum Herzstück der kaiserlichen Frühjahrsbeete und bemühte sich alsbald um eine Vermehrung, so dass er botanisch interessierte Adlige und reiche Bürger, wie z.B. Ärzte oder Apotheker, im Laufe von zehn Jahren mit den gewünschten Pflanzen versorgen konnte. Die Pflanze mit ihrem imperialen Aussehen wurde zu einer der typischen Gartenpflanzen des Barock und fehlt auch in keinem Gartenkatalog der damaligen Zeit (wie beispielsweise dem »Hortus Eystettensis« von 1613). Etwa 150 Jahre lang blieben die Zwiebeln sehr teuer und damit den einfacheren Leuten oder den Bauern vorenthalten. Das änderte sich allerdings bis zur Mitte des 19. Jahrhunderts, was die Kaiserkrone zu einer Bauerngartenblume werden ließ.

Positiv an dem an sich unangenehmen Geruch der Kaiserkrone ist, dass die Pflanze dadurch Wühlmäuse abhält – insbesondere, wenn mehrere Zwiebeln gesetzt werden.

PFLEGETIPPS Einmal am richtigen Platz gepflanzt, können Kaiserkronen über viele Jahre beziehungsweise auch Jahrzehnte hinweg zuverlässig blühen; sollte die Blühwilligkeit nachlassen, kann man die Zwiebeln im August versetzen. An einem eher sonnigen bis lichtschattigen Platz werden sie im Spätsommer gepflanzt – zu beachten ist, dass das Wasser gut ablaufen kann und der Boden ausreichend mit Nährstoffen versorgt wird. Während der Blütezeit im April oder Mai müssen Kaiserkronen gedüngt werden, um das Zwiebelwachstum anzuregen und auch im nächsten Jahr eine Blüte zu erhalten. Wie bei der Tulpe gilt, dass die Blätter sich ungestört einziehen müssen, was einige Monate dauern kann und gegebenenfalls unschön aussieht, so dass daran zu denken ist, andere – allerdings in gebührendem Abstand gesetzte – Pflanzen diesen Anblick verdecken zu lassen.

Hahnenfuß »Oriental Style« – Ranunkel *(Ranunculus asiaticus)*

Betrachtet man so ein Prachtexemplar von *Ranunculus asiaticus*, der Ranunkel, kann man kaum glauben, dass diese Blume mit den unzähligen Blütenblättern, die eher an eine Pfingstrosenblüte als an den schlichten gelben Hahnenfuß auf der Wiese erinnert, tatsächlich botanisch eng mit diesem verwandt sein soll. Natürlich sehen die in Südwestasien, aber auch auf Kreta und in Israel sowie in Nordafrika wild vorkommenden Pflanzen viel schlichter aus als die, die wir heute vor Augen, in der Vase oder im Garten haben. Aus der ungefüllten Wildform, deren Blüten allerdings größer als die des einheimischen Hahnenfußes sind und an Tulpen erinnern, züchteten die Osmanen in ihren Gärten bereits gefüllte Sorten, die als

»Turban-Ranunkeln« bezeichnet wurden. Und tatsächlich sehen die dicht ineinander liegenden Blütenblätter aus wie die orientalische Kopfbedeckung.

Die Ranunkelblüten in den Gärten Konstantinopels fielen natürlich auf, und es war wiederum Carolus Clusius, der sich, nachdem er eine Abbildung gesehen hatte, unverzüglich Exemplare besorgen ließ. Rot blühende Exemplare trafen 1580 bei ihm ein, und Clusius begann mit der Züchtung. In diesen Jahren war er wegen der religiösen Problematik zwar nicht mehr kaiserlicher Hofgärtner, doch harrte er in Wien aus und steckte seine ganze Schaffenskraft in die Beschaffung, Kultivierung, Katalogisierung und Weitergabe Hunderter Pflanzen.

Ähnlich wie die Tulpen wurden auch Ranunkeln zum Spekulationsobjekt, bis 1637 auch für deren Preise staatliche Obergrenzen festgelegt wurden. In der Folge normalisierte sich die Nachfrage wieder, die Ranunkel erfuhr vor allem im 18. Jahrhundert eine enorme Verbreitung in den mitteleuropäischen Gärten insbesondere der wohlhabenden Gartenbesitzer, obwohl es sich nicht um eine winterharte Pflanze handelt, die somit im Spätsommer ausgegraben werden muss. Da bot es sich an, dass in Südfrankreich und vor allem in Italien, wo die Ranunkeln ganzjährig als Stauden wachsen können, Züchtungen durchgeführt wurden, die gerade auch in den letzten Jahren Blüten von ungeheurer Farbkraft und Vielseitigkeit hervorgebracht haben. Zwar werden Ranunkeln heutzutage vor allem als Schnittblumen geschätzt (und ab Januar verkauft), doch lohnt es sich durchaus, Ranunkeln auch im Garten oder Balkon zu pflanzen, da sie bis in den Frühsommer leuchtende Akzente setzen können.

PFLEGETIPPS Pflanzen kann man die nicht winterharten Knollen erst im April an einem sonnigen bis halbschattigen Standort, an dem sie allerdings vor zu starker Mittagssonne geschützt sein müssen. Vor dem Setzen legt man sie einige Stunden ins Wasser, bevor sie in einer Tiefe von etwa zehn Zentimetern mit der Spitze nach unten in den Boden gebracht werden. Eine Knolle kann bis zu 15 Blüten hervorbringen. Nach der Blüte Ende Mai bis Juni lässt man wie bei den Zwiebelblumen die Blätter vertrocknen, bevor man sie über den Winter frostfrei lagert. Auch als Topfpflanzen werden Ranunkeln angeboten, was den Vorteil hat, dass sie mit ihren Blüten erfreuen können, bevor die Frostperiode vorbei ist. Dann aber können sie nach draußen »umziehen«.

Die Farbpalette der Ranunkeln reicht von Weiß über Gelb, Orange, Rot und Lila bis fast Schwarz – auch zweifarbig oder mit andersfarbigem Rand.

GARTENWEG INS PARADIES – ORIENTALISCHE GÄRTEN

Im Koran gibt es nur ein Wort für Garten und Paradies – es ist einfach dasselbe. Eigentlich besteht das Paradies für den Muslim aus mehreren Gärten, die von Wächtern bewacht werden. Was die realen Gärten angeht, so entwickelte sich über Jahrhunderte eine Gartenkultur, die dem Garten eine Funktion als Ort der Entspannung und Erholung, aber auch der sozialen Aktivitäten zuwies. Innerhalb von hohen Gartenmauern kann die Architektur entweder formal mit einer Betonung der Strukturen oder auch floral mit einem Hauptaugenmerk auf den Pflanzen ausgerichtet sein. Zumeist ist der Garten viergeteilt, wobei zwei gekreuzte Wasserkanäle die Achsen bilden. Wasser spielt überhaupt (z.B. Springbrunnen) eine wichtige Rolle, ebenso wie das Ornamentale (z.B. der Kontrast von Kreis und Quadrat), das sich auch außerhalb des Gartens auf Porzellan oder Teppichen wiederfindet. Wegen der klimatischen Unterschiede ist es natürlich nicht ganz einfach, die Fülle und den Überfluss, die in den Gärten Klein- und Vorderasiens ganzjährig herrschten, nachzuahmen. Als Pflanzen bieten sich für das Frühjahr die Zwiebelblumen an sowie Gehölze wie Flieder und Bäume wie die Kastanie, im Sommer muss man dann winterharte Blumen wie Mohn oder Lilien mit Kübelpflanzen wie Palmen oder Zitruspflanzen kombinieren.

Die im 18. Jahrhundert hochgeschätzten Ranunkeln, die etwas in Vergessenheit gerieten, erleben derzeit eine Renaissance.

Pflanzen aus Nordamerika

Während Mittel- und Südamerika, aber auch Florida und Kalifornien nach der Entdeckung durch Kolumbus 1492 fest in spanischer Hand waren, geriet Nordamerika – vor allem die gesamte Ostküste – im Laufe des 16. und 17. Jahrhundert unter den Einfluss der Franzosen und insbesondere der Engländer. Sie fanden dort ein gemäßigtes Klima vor mit einer reichhaltigen Vegetation, zu der beispielsweise auch die Yuccapflanzen gehören. Mit ihrem unglaublichen Forscherdrang zogen europäische Siedler dann allmählich nach Westen und entdeckten die Prärien.

Diese durch die großen Gebirge abgeschirmten riesigen Gras- oder sogar Wüstenlandschaften sind durch eine ganz besondere Pflanzenwelt charakterisiert, zu der sowohl Echinacea- als auch Rudbeckiapflanzen gehören. Auf den botanischen Streifzügen durch die Weiten Nordamerikas stießen Pflanzenkundige Jahrzehnte später auf den Phlox, der Bestandteil der Vegetation der feuchten Flussauen ist. Der Goldmohn dagegen stammt von der kalifornischen Westküste und ist sozusagen ein »Souvenir« einer der Entdeckungsreisen des 19. Jahrhunderts.

Drei Wochen lang ein Star – Palmlilie *(Yucca filamentosa)*

Yucca, die Palmlilie, erinnert zwar in ihrem Aussehen an eine Palme, hat allerdings botanisch nichts mit ihr gemein. Stattdessen handelt es sich um eine Gattung aus der Familie der Agavengewächse, die mit ihren etwa 50 Arten natürlich in den ausgedehnten Trockengebieten Nordamerikas und der Karibik sowie bis nach Mexiko vorkommen. Die bekannteste Yucca-Art hierzulande ist *Yucca elephantipes*, der Inbegriff der pflegeleichten Büro-Zimmerpflanze, deren Stämme in trockenem Zustand aus Mittelamerika eingeführt und dann zum Wurzeln und Austrieb gebracht werden. Diese Pflanzen, die so häufig in dunklen Ecken dahinvegetieren, brauchen eigentlich viel Sonne und verbringen den Sommer gerne im Freien.

Aber zurück zu unseren Gärten und einer stammlosen, buschbilden-den Yucca-Art aus dem südöstlichen Teil der USA, welche in den 50er-Jahren des vorigen Jahrhunderts einen rasanten Einzug in deutsche Gärten verzeichnete, der jedoch heutzutage etwas Altmodisches an-haftet und die momentan nicht zu den »angesagten« Gartenpflanzen gehört: *Yucca filamentosa*. (Dass es sich bei den angebotenen Pflanzen häufig um Hybriden, also um Kreuzungsprodukte mit anderen Yucca-Arten handelt, soll an dieser Stelle vernachlässigt werden.) Schade eigentlich, denn die Pflanze ist absolut pflegeleicht und zudem frosthart. Nach einigen Jahren beeindruckt die Yucca-Palme etwa drei Wochen lang im Juni oder Juli mit einem bis 1,50 Meter, gelegentlich auch bis drei Meter hohen Blütenstand mit glockenförmigen Blüten, die in großen Rispen angeordnet sind. Ihre weißen Blüten erinnern an Lilienblüten – deswegen der deutsche Name und die frühere Zuordnung zu den Liliengewächsen. Und wenn man ihren Standort nicht verändert, dann kann die Palmlilie mehr als ein Menschen-leben lang blühen. Während sie in ihrer Heimat überwiegend in Küstennähe auf sandigen Böden wächst, stellt sie bei uns fast keine Ansprüche an die Bodenbeschaffenheit, nur Staunässe verträgt sie nicht (eventuell müsste eine Drainage angelegt werden), und einen sonnigen Platz sollte sie haben. Am besten zur Geltung kommt sie als Solitärpflanze.

Nach Europa eingeführt wurden die Yucca-Arten bereits seit Ende des 16. Jahrhunderts. Im Falle von *Yucca filamentosa* war es ein Engländer, nämlich John Tradescant der Jüngere (1608–1662), der wie sein Vater John Tradescant der Ältere eigentlich königlicher Gärtner war, jedoch insbesondere aufgrund ausgedehnter Sammelreisen durch Virginia (einer seit 1607 besiedelten englischen Kolonie mit der Hauptstadt

Die Yucca-Pflanzen werden in ihrer Heimat durch die Yucca-Motte bestäubt, die in unseren Breiten jedoch fehlt, so dass man niemals Früchte und damit auch keine Samen erhält.

YVCCA *foliis lanceolatis acuminatis integerrimis margine filamentosis. Gronov. Flor. Virg. P.II. p.152.*

Jamestown) in den Jahren 1637, 1642 und 1654 eher als Naturforscher agierte. Besondere Verdienste erwarb er sich durch den Ausbau des väterlichen Naturalien- bzw. Kuriositätenkabinetts »Arche«, in der er neben Pflanzen, Tieren und einer umfangreichen Muschelsammlung auch Antiquitäten präsentierte – eine Sammlung, die auch heute noch an der Universität Oxford zu besichtigen ist.

Doch zurück zu den Pflanzen, die er einführte: Neben der Yucca sind vor allem die Feuerbohne und der Tulpenbaum zu nennen. Auf Tradescants Grabstein (er ruht zusammen mit seinem Vater) stehen folgende Zeilen, die davon zeugen, welche Leistung er im Dienste des englischen Königshauses vollbrachte: ... *und wenn die Engel mit Trompeten die Männer wecken, ... verwandeln sie diesen Garten zum Paradies.* An der Stelle, an der sich das Grab ursprünglich befand, steht heute das »Museum of Garden History« in London.

Die Verbreitung von *Yucca filamentosa* in Europa erfolgte sehr zögerlich, zumal man bis zur Mitte des letzten Jahrhunderts nicht realisiert hatte, wie gut sich diese Art – im Gegensatz zu anderen – als Freilandpflanze nutzen lässt. Zu der Popularisierung trug vor allem der »Staudenpapst« Karl Förster (siehe auch unter Phlox) bei, der umfangreiche Kreuzungs- und Züchtungsversuche unternahm. Förster (1874–1970) war auf die Pflanze aufmerksam geworden, als er in der Nähe seiner Gärtnerei in Potsdam-Bornim eine Versuchspflanzung von Yucca-Arten für die Fasergewinnung entdeckte – eine Vielzahl von gekräuselten Fasern an den Blattenden der Pflanzen ist geradezu ein Erkennungsmerkmal und auch namensgebend: Der lateinische Begriff *filum* steht für »Faden« oder »Faser«. Sozusagen in der Tradition der Ureinwohner Amerikas, die aus den Blättern und Fasern der Yuccas Körbe, Sandalen und vieles mehr fertigten, hatte es um etwa 1920 ausgedehnte Versuche gegeben, aus Yuccapflanzen Fasern für industrielle Zwecke zur Jute- und Basterzeugung herzustellen – ein Vorhaben, das nach 1945 unmittelbar beendet wurde. Die Ureinwohner Amerikas bezeichneten mit Yucca eigentlich eine Pflanze, deren Wurzelknollen für die Nahrungsgewinnung in Mittel- und Südamerika eine große Bedeutung hat: den Maniok. Im 16. Jahrhundert griffen Botaniker diesen Namen für die Palmlilie auf – und bei ihm blieb es dann auch.

PFLEGETIPPS Im Gegensatz zu den Agaven bedeutet das Blühen bei der Yucca nicht das Absterben der Pflanze. Der Haupttrieb verwelkt nach der Blüte und kann dann unten am Blattansatz

Yucca-Blüten duften insbesondere abends.

abgeschnitten werden, wobei sich daneben bereits Seitentriebe ausgebildet haben bzw. sich aus den Rhizomen bilden. Im Verlauf von ein bis zwei Jahren entwickeln sich diese zu blühenden Haupttrieben.

Zurück zu den Wurzeln – Roter Sonnenhut (Echinacea purpurea)

Echinacea purpurea, der Rote Igelkopf oder Rote Sonnenhut, macht seit etwa 50 Jahren eine doppelte Karriere: zum einen von einer einfachen Zierpflanze zu einer richtigen Modeblume und zum anderen von einer Heilpflanze mit volkskundlichem Hintergrund zu einer Säule der Arzneimittel mit die Immunabwehr fördernder Wirkung. Immerhin ist die Pflanze, die sowohl in den trockenen Prärien der Südstaaten als auch in lichten Laubwäldern der mittleren und östlichen Staaten der USA verbreitet wild wächst, seit über 300 Jahren in Europa bekannt. Beschrieben wurde sie erstmals 1688 durch John Baptist Banister (1650-1692), einem Geistlichen, der derart leidenschaftlich an neuen botanischen Entdeckungen interessiert war, dass er sogar eine Farm in Virginia erwarb – unterstützt durch den Bischof von London, der zum Dank Pflanzenlieferungen für seinen eigenen Garten erwartete. Während einer seiner ausgedehnten Sammelreisen entlang des River James starb Banister durch einen Unfall, bevor er eine umfangreiche »Flora von Virginia« verfassen konnte. Glücklicherweise hatte er jedoch zuvor Samen des Roten Sonnenhuts an einen englischen Kollegen geschickt, der die Pflanze zum Blühen bringen konnte.

Aufgegriffen wurde dieser Pflanzenfund durch den englischen Botaniker Leonard Plukenet (1642-1706), der die exotische Pflanzensammlung des englischen Königshauses betreute und die Pflanze als *Chrysanthemum americanum* in sein Pflanzenverzeichnis aufnahm. Diese Bezeichnung war der Auftakt einer ganzen Reihe von Namen, die an die Pflanze – sowie verwandte Arten – vergeben wurden. Nachdem sie zwischenzeitlich durch Carl von Linné als *Rudbeckia* bezeichnet wurde (die Pflanze, die wir heute als *Rudbeckia* kennen, wird im Folgenden beschrieben), heißt sie heute *Echinacea pupurea* MOENCH. Der Namenszusatz zeichnet den Marburger Naturforscher Conrad Mönch (1744-1805) aus, der sie erstmals systematisch beschrieb. Unstrittig ist die Zuordnung zur Familie der Korbblütler, jener großen Gruppe von Pflanzen (über 22.000 Arten), die durch einen kopf- oder körbchenförmigen Blütenstand gekennzeichnet ist. Was aussieht wie eine einzige Blüte, ist tatsächlich eine Vielzahl von Einzelblüten,

Echinacea gehört im Staudenbeet eher zu den spät blühenden Pflanzen, dafür erfreut sie je nach Sorte bis in den Oktober.

wobei die Randblüten häufig mit Zungenblüten ausgestattet sind, was wiederum den Eindruck einer großen Blüte verstärkt. Ein wesentliches Merkmal der Echinacea-Pflanzen ist der stachelige, nach oben gewölbte Blütenstand, der an einen Igel erinnert. Daher stammt auch ihr Name: *Echinos* heißt auf Griechisch »Igel«.

Da die Pflanze an ihren heimischen Standorten ganz unkompliziert wächst und sowohl Hitze als auch Kälte toleriert – denn das kontinentale Klima, welches große Teile Nordamerikas prägt, ist ja gekennzeichnet durch enorme Temperaturschwankungen mit sehr kalten Wintern –, kann sie in fast jedem Garten einen Platz finden; dieser sollte allerdings möglichst sonnig sein. Regen verträgt die Pflanze ausgesprochen gut, weswegen sie über Jahrhunderte besonders in englischen Gärten geschätzt wurde. Nachdem nun aber auch deutsche Staudenzüchter sich dieser doch sehr pflegeleichten Pflanze angenommen haben, die zudem den ganzen Sommer lang blüht, hat sich bei uns ein regelrechter Boom entwickelt, der neben der ursprünglich dunkelrosa-purpurroten Blütenfarbe den Gärten Farben von Weiß über Gelb bis Orange beschert.

Kurz erwähnt werden muss wegen der wirtschaftlichen Bedeutung ihre über den Garten hinausgehende Rolle als die Immunabwehr steigerndes Arzneimittel, durch die wir zurückkehren »zu den Wurzeln«: Die Indianer – und nach ihrem Vorbild auch die weißen Siedler in Nordamerika – benutzten Aufgüsse der Echinacea-Wurzeln als Allheilmittel: zur Schmerzlinderung, Wundheilung, Krampflösung oder als Gegenmittel bei Vergiftungen, um nur einige Anwendungsgebiete zu nennen. Ende des 19. Jahrhunderts wurde die amerikanische Pharmaindustrie darauf aufmerksam, und es dauerte nicht lange, bis Echinacea das meistverkaufte pflanzliche Arzneimittel in den USA darstellte. In Deutschland verlief diese Entwicklung zwar zögerlicher, doch mittlerweile schwören Millionen Menschen auf die Wirkung der Echinacea-Zubereitungen zur Vorbeugung und Therapie von Erkältungskrankheiten. (Den Fertigarzneimitteln ist allerdings eindeutig der Vorzug gegenüber einem selbst hergestellten Tee einzuräumen.) Und so finden sich Echinacea-Felder heute vor allem in Ost- und Mitteleuropa, nachdem die Wildbestände in den USA teilweise übersammelt sind; eingesetzt werden heutzutage allerdings auch andere Echinacea-Arten. Es hat sich inzwischen herausgestellt, dass der ausgepresste Saft der oberirdischen Pflanzenteile wirksamer ist als Zubereitungen aus Wurzeln.

PFLEGETIPPS Pflegeleichter als Echinacea geht es fast nicht! Ist sie erst einmal in einem humusreichen Boden angewachsen, benötigt sie kaum Pflege – nur vertrocknete Blüten und Triebe sollten frühzeitig abgeschnitten werden. Große Horste können gut geteilt werden; dafür bietet sich das Frühjahr an, wenn die ersten Blätter sichtbar werden. Eventuell ist nach einigen Jahren an das Umpflanzen zu denken.

Sonne unter Sternen – Sonnenhut *(Rudbeckia)*

Rudbeckia, der Sonnenhut, besticht im Blumenbeet durch seine Unkompliziertheit: Je nach Art und Sorte blüht die bis zwei Meter hoch wachsende Pflanze den ganzen Sommer bis in den Herbst mit einer Vielzahl von dunklen Blütenständen und gelben Zungenblüten ohne Anforderungen an Bodenbeschaffenheit oder Regenmenge und wird erst im Frühjahr abgeschnitten. Ihren Namen erhielt sie durch den Schweden Carl von Linné (1707-1778), dem Botaniker des 18. Jahrhunderts, der die Benennung der Pflanzen durch die Einführung von Gattungs- und Artnamen revolutionierte. Er hatte eine Unmenge von Namen benötigt (8000 Pflanzen wurden durch ihn untersucht) und verfiel dann auf die Idee, große Wissenschaftler durch die Verwendung ihres Namens als Gattungsname auszuzeichnen; für sich selbst – ganz bescheiden – wählte er das unscheinbare Moosglöckchen *(Linnea)* aus, für ungeliebte Kollegen wie Johann Georg Siegesbeck (1686-1755) konnte diese Benennung allerdings auch eine Bosheit bedeuten, da er eine Pflanze mit stinkenden Samen als *Siegesbeckia* bezeichnete.

Auch Rudbeckia hat ihren Namen nach einem Kollegen Linnés erhalten. Es gab allerdings zwei schwedische Naturforscher namens Rudbeck. Olof Rudbeck der Ältere (1630-1702) hatte in Uppsala als Anatomieprofessor den Botanischen Garten angelegt, den Linné später zu Weltruhm führen sollte, war aber bereits verstorben, als Linné in Uppsala eintraf. Rudbecks Sohn gleichen Namens, also der Jüngere (1660-1740), war Nachfolger seines Vaters geworden und wirkte an der Universität, als Linné dort seine Arbeiten begann. Dieser schrieb an Rudbeck: *… so lange die Erde überlebt und im Frühling mit Blumen bedeckt ist, so lange wird diese Pflanze diesen berühmten Namen tragen …*, und an anderer Stelle: *Die Blütenblätter geben … den Beweis, dass du unter den Wissenschaftlern leuchtest, wie die Sonne unter den Sternen.* Aber trotz dieser Hymnen bleibt zweifelhaft, wen von beiden er ehren wollte, zumal Linné kein besonders gutes Verhältnis zu Kollegen pflegte.

Heimisch sind Rudbeckien, von denen es etwa 20 Arten gibt, alle-samt in Nordamerika, allerdings in verschiedenen Regionen. Linné fand im Botanischen Garten von Uppsala wohl *Rudbeckia hirta* vor, den 50 bis 90 Zentimeter hoch wachsenden Rauen Sonnenhut, der ursprünglich im Mittleren Westen Bestandteil der Prärielandschaften war. Mit dem Abholzen der Wälder durch die amerikanischen Siedler verbreitete er sich langsam nach Norden und Osten, aber unterdessen auch rasant in Europa. Wer ihn bei uns einführte, bleibt im Dunkeln, doch erwähnen Anfang des 18. Jahrhunderts mehrere Botaniker, unter ihnen der oben bereits erwähnte Plukenet, die Pflanze in ihren Ka-talogen. *Rudbeckia hirta* ist im Allgemeinen eine ein- bis zweijährige Pflanze, die aber je nach Sorte auch als Staude vorkommt. Sie erfuhr in den Gärten Mitteleuropas, aber auch der USA eine ungeheure Verbrei-tung und wurde 1918 zur Nationalblume des Staates Maryland gekürt, wo sie zwar nicht heimisch ist, doch überall sozusagen als »Unkraut« – wie heutzutage in vielen anderen Staaten der USA – auf Wiesen, entlang Straßen oder Flussläufen anzutreffen ist. Die Amerikaner gaben ihr den Namen »Black-eyed Susan«, den man jedoch nicht als »Schwarzäugige Susanne« übersetzen darf, da die deutsche Bezeich-nung für die einjährige Kletterpflanze *Thunbergia alata* steht.

In mitteleuropäischen Gärten sind neben *Rudbeckia hirta* eine Reihe weiterer Arten sehr beliebt, wie beispielsweise *Rudbeckia fulgida* (60 bis 100 Zentimeter), der Leuchtende oder Gewöhnliche Sonnen-hut, *Rudbeckia nitida* (bis zwei Meter), der Glänzende oder Hohe Son-nenhut, sowie *Rudbeckia laciniata* (bis 1,50 Meter), der Schlitzblättrige Sonnenhut, wobei Letztgenannter sogar diejenige Rudbeckien-Art ist, die als erste in Europa eingetroffen war – bereits Anfang des 17. Jahr-hunderts verzeichnet eine Reihe von Gartenkatalogen in Frankreich, Deutschland und England sie in ihrem Bestand. Auch außerhalb der Gärten ist sie mittlerweile anzutreffen – als Wildform mit ganz einfachen Blüten. Und diese Art ist es auch, die als Staudenpflanze sozusagen zum Inventar vieler Bauerngärten gehört.

PFLEGETIPPS Rudbeckien-Stauden breiten sich selbst durch Ausläufer zu sehr großen Beständen aus – ohne allerdings zu aus-ufernd aufzutreten, wie das beispielsweise bei manchen Asternarten vorkommt. Im Frühjahr oder Herbst kann man die Pflanze durch Teilung ganz einfach vermehren. Die Aussaat der ein- oder zwei-jährigen *Rudbeckia hirta* kann ab Mai direkt im Freiland erfolgen.

Die verblühten dunklen Blütenstände des Sonnenhuts sehen auch im Winter sehr dekorativ aus, weswegen der Schnitt erst im Frühjahr erfolgen sol te.

UNSERE KLEINE FARM – PRÄRIEGÄRTEN Ganz im Trend liegen derzeit Präriegärten, also Gartenanlagen, die ausschließlich die Vegetation der mittelamerikanischen Graslandschaften zeigen. Sie sehen nämlich nicht nur dekorativ aus, sondern sind vollkommen pflegeleicht: Sie müssen fast nicht gegossen werden, sind zwar »Spätstarter«, das heißt, es dauert im Gartenjahr einige Zeit, bis die Blüte beginnt, aber dafür sehen sie vom Sommer über den Herbst, dank sehr dekorativer Fruchtstände auch über den Winter ansehnlich aus und müssen erst im Frühjahr mit einer Sense gemäht werden – einfacher geht es nicht. Für einen durchlässigen Boden sollte gesorgt sein, und mit den Pflanzen muss man vielleicht etwas experimentieren, aber *Echinacea, Rudbeckia* und *Yucca filamentosa* sind bei der Pflanzenauswahl auf jeden Fall zu berücksichtigen. Dazu kommen noch Mädchenauge (*Coreopsis*), Bartfaden (*Penstemon*), Sonnenbraut (*Helenium*), Indianernessel (*Monarda didyma*), Goldrute (*Solidago*) und Sonnenblumen (*Helianthus*), um nur einige zu nennen, sowie eine Reihe von Gräsern wie Bartgras (*Andropogon gerardii*), Indianergras (*Sorghastrum nutans*), Rutenhirse (*Panicum virgatum*) oder Büffelgras (*Buchloe dactyloides*).

Hinter dem deutschen Pflanzennamen Sonnenhut verstecken sich sowohl die Gattung Echinacea wie auch Rudbeckia.

Hochsommerglück – Flammenblume *(Phlox)* *Das Leben ohne Phlox ist ein Irrtum, …, nein, ein Wahnsinn, und Phlox ist eine Welt der Gnade. Dem Leben ohne Phlox fehlt ein Kronjuwel. Phlox ist das eigentliche große Farbsiegel des Hochsommerglückes. Es gibt wohl kaum eine Blumenschönheit, die das farbdürstende Auge so über alle Begriffe zu stillen und milde zu erfrischen vermag.* Mit derart begeisterten Schilderungen des Phloxes, der Flammenblume, durch den bedeutenden Staudengärtner Karl Förster (1874-1970) ließen sich mehrere Seiten füllen, denn neben dem Rittersporn war ihm der Phlox die allerliebste Gartenblume, da sie *die wichtigste winterharte, völlig ausdauernde Farbstaude* ist. Försters erste Züchtung kam 1932 in den Handel – als *Phlox paniculata* (»Wennschondennschon«) – mit einer pinkfarbenen Blüte mit weißem, mittigem Stern – und ist heute noch erhältlich. Viele andere kamen im Laufe seines Pflanzenzüchterlebens hinzu. Aber die Geschichte der Phloxzüchtung ist mit einer weiteren Gärtnerpersönlichkeit verbunden, nämlich mit Georg Arends (1863-1952), dem es bereits 20 Jahre vor Förster durch die Kreuzung von *Phlox paniculata* mit *Phlox divaricata* gelungen war, im Frühsommer blühende Pflanzen, die nach ihm benannten *Phlox Arendsii*-Hybriden, zu züchten. Während es den Phlox, der zur Familie der Sperrkrautgewächse

(Polemoniaceae) gehört, heutzutage in unzähligen Farben gibt – von Rot über Lila, Rosa, Orange, Weiß und sogar Blau, auch zweifarbig –, ist seine ursprüngliche Farbe Pink bis Rot, jedenfalls, was die bekannteste Phlox-Art *Phlox paniculata* angeht. Seine Heimat sind die niederschlagsreichen Gegenden des östlichen Nordamerikas, insbesondere entlang der Flussläufe. Da dieses Ursprungsgebiet eine riesige Fläche umfasst, gibt es ganz verschiedene Standorttypen, die sich zum Beispiel durch die Form der Blätter unterscheiden. In einer Eigenschaft ähneln sich jedoch alle: Sie können Trockenheit schlecht vertragen – und das gilt auch für den Gartenphlox. So ist es auch kein Zufall, dass er in den süddeutschen Bauerngärten besonders gut gedeiht, da dort die Klimasituation der Voralpen mit einer erhöhten Regenmenge besonders günstig ist. Bei der Pflanzung in den ländlichen Gärten, die sich bis zum Beginn des 19. Jahrhunderts nachweisen lässt, handelte es sich um relativ einfache Ausprägungen der in Doldenform stehenden Blüten. Eine intensive Züchtung setzte erst ab 1850 ein.

Wahrscheinlich gab es mehrere Wege, auf denen die nordamerikanische Staude nach Mitteleuropa kam; der bestbeschriebene lief jedenfalls über die »Bartram-Collinson-Connection«: John Bartram (1699–1777), eigentlich ein einfacher Farmer, der in der Nähe von Philadelphia lebte, war so fasziniert von den Pflanzen seiner Heimat, dass er sich im Selbststudium das gesamte botanische Wissen seiner Zeit aneignete und zu dem bedeutendsten Pflanzensammler Nordamerikas wurde. Durch eine glückliche Verbindung (über die Religionsgemeinschaft der Quäker) wurde er bekannt mit dem Londoner Kaufmann Peter Collinson (1694–1768), der seine Privatgärten als wahre Passion entdeckte. Er unterstützte Bartram aus der Ferne finanziell, was Letzterem ausgedehnte Sammelreisen durch den gesamten Osten der heutigen USA ermöglichte. Dabei stieß er am Fluss Ohio, also westlich des großen Appalachengebietes, auf den Phlox. Jeden Herbst brachte Bartram dann vor allem Samen in Paketen, den legendären »Bartram's boxes«, auf den Weg nach England, die von Collinson und von vielen anderen Gartenliebhabern sowie den Botanischen Gärten, an die Collinson die Pflanzen weitervermittelte, ungeduldig erwartet wurden. Bartram brachte es auf diese Weise zu einer ungeheuren Bekanntheit, und der Titel »Vater der amerikanischen Botanik«, den ihm die Fachwelt verlieh, war ebenso bedeutend wie die Stellung, die ihm der englische König als »Royal Botanist of North America« verschaffte.

Phlox bedeutet auf Griechisch »Flamme« – daher also der deutsche Name Flammenblume.

PFLEGETIPPS Phlox ist keine ganz pflegeleichte Staude: Er liebt die Sonne, verträgt keinen Schatten, braucht im Frühjahr genügend Feuchtigkeit und benötigt einen durchlässigen Boden, der die Feuchtigkeit speichern kann, wogegen er Staunässe oder schwere Böden nur schlecht toleriert. Auch kleine Veränderungen von Standort oder Klima können die Blütenbildung verändern – es gibt bessere und schlechtere Phloxjahre. Aber dafür ist die Pflanze außerordentlich winterhart.

Die gelbe Blume des Dichters – Goldmohn *(Eschscholtzia californica)*

Es war Oktober 1816, als die Mannschaft der Rurik, ein Schiff unter russischer Fahne und Kommando, Anker in San Francisco warf. Ihre eigentliche Mission, die den Reiseverlauf zwischen 1815 und 1818 bestimmte und ausgehend von St. Petersburg um die ganze Welt führte, bestand in der Erkundung der Nordwestpassage, um die Versorgung Alaskas, einer damaligen russischen Kolonie, zu gewährleisten. Mit an Bord waren der Schiffsarzt Johann Friedrich Gustav von Eschscholtz (1793-1831) von der Universität Dorpat (heute Estland) und Adelbert von Chamisso (1781-1838). Dieser hatte zu diesem Zeitpunkt bereits ein bewegtes Leben hinter sich: Geboren in Frankreich als der Grafensohn Louis Charles Adélaide de Chamissot, hatte er mit seiner Familie in den Wirren der Französischen Revolution sein Heimatland verlassen müssen und schließlich in Berlin eine neue Heimat gefunden. Es zeigte sich, dass sich in seiner Person zwei ganz besondere Begabungen vereinten - zum einen die eines Dichters und zum anderen die eines Naturforschers, und beide sollten sein Leben bestimmen. (Den Dienst beim preußischen Militär, den er eigentlich zur Sicherung seines Einkommens auf sich nehmen wollte, musste er mangels Neigung quittieren.) Als Bestandteil des Rurik-Expeditionsteams war er vor allem Wissenschaftler - es gehörte zum guten Ton solcher Unternehmungen, Naturforscher an Bord zu haben. Von Chamisso beschwerte sich jedoch später, dass für das Sammeln von Pflanzen und Tieren viel zu wenig Zeit blieb, weil politische Aspekte die Hauptrolle spielten.

Dennoch gelang es ihm zusammen mit Eschscholtz, während der gesamten Reise Pflanzenmaterial zu sammeln. Daneben beobachteten und notierten sie unzählige Details der landestypischen Gegebenheiten wie die geographischen Besonderheiten Alaskas, die Sprache der Hawaiianer oder die Tierwelt der bereisten Länder. Im Hafen von San Francisco fand er im trockenen Sand eine kleine Mohnpflanze,

Der griechische Philosoph und Naturforscher Theophrast bezeichnete um 300 v. Chr. eine andere – bisher nicht identifizierte – Pflanze als »Phlox«.

aus deren Samen die Gärtner des Botanischen Gartens – von Chamisso hatte nach seiner Rückkehr nach Berlin eine Anstellung am Königlichen Herbarium gefunden – 1820 eine Pflanze heranziehen konnten. Von Chamisso benannte sie nach seinem Freund *Eschscholtzia californica*. Die deutsche Bezeichnung lautet Kalifornischer Goldmohn oder auch Schlafmützchen.

Eschscholtzia wächst an den Hängen Kaliforniens und Mexikos, blüht im Frühling mit einer gelb-orangefarbenen Blüte und überzieht die Landschaft mit leuchtenden Teppichen. In unseren Gärten blüht der Goldmohn entsprechend später zwischen Juni und Oktober. Es handelt sich bei ihm um eine 30 bis 60 Zentimeter hoch wachsende, einjährige Pflanze mit graugrünen, gefiederten Blättern, die sich meist von selbst aussamt, so dass nach der ersten Aussaat nichts zu tun bleibt, als sich an den gelben Mohnblüten zu erfreuen. Damit stellt der Goldmohn durchaus eine pflegeleichte, aber dekorative Bereicherung des Gartens mit einer weiteren Pflanze aus der Familie der *Papaveraceae* dar, denn die üblichen Mohnarten in den Gärten (*Papaver somniferum*, der Schlafmohn, aus dem Mittelmeergebiet in der Jungsteinzeit nach Mitteleuropa, und *Papaver orientale*, der Orientalische Mohn, aus Kleinasien im 18. Jahrhundert eingeführt) blühen in vielen verschiedenen Farben, nur nicht in Gelb. Von Chamissos Freund Eschscholtz kehrte nach Dorpat zurück und verfasste später eine »Übersicht der zoologischen Ausbeute«, die 2400 Tierarten umfasste. Von Chamisso wurde zum Kustos des Königlichen Herbariums befördert, war Mitglied der Berliner Akademie der Wissenschaften, wurde der Namenspatron von 150 Pflanzen und hinterließ der Nachwelt Aufzeichnungen seiner »Reise um die Welt« sowie eine Reihe von Gedichten, die ihn zu einem bedeutenden Vertreter der romantischen Lyrik machten. Im Gegensatz zu Novalis, der nur die blaue Blume der Sehnsucht beschrieb, überreichte von Chamisso allerdings eine reale gelbe der Nachwelt.

Heutzutage erstrahlt der Kalifornische Goldmohn in Farben von Weiß über viele Gelb- bis hin zu dunklen Orangetönen.

PFLEGETIPPS Der Kalifornische Goldmohn kann auf jedem sonnigen und geschützten, einigermaßen durchlässigen Boden im Frühjahr als Direktsaat ab Mitte April ausgebracht werden und blüht dann ab Juni zuverlässig und ohne weiteres Zutun. Zwar verblühen die einzelnen Blüten relativ rasch, doch durch deren Menge bleibt der Teppichcharakter den ganzen Sommer bis in den Herbst erhalten. In geschützten Lagen kann man auch im September aussähen und erhält dann eine Blüte bereits im Mai.

Pflanzen aus Mittel- und Südamerika

Obwohl Mittelamerika geographisch eigentlich zu Nordamerika gehört, bilden die Staaten um Mexiko herum sowie die Antillen (Kuba, Jamaika, Haiti, Dominikanische Republik, Puerto Rico, Martinique) sowohl klimatisch als auch historisch eher eine Einheit mit dem südamerikanischen Kontinent. Zwanzig Jahre nach der Entdeckung (Mittel-)Amerikas durch Kolumbus 1492 landeten spanische Expeditionen in Mexiko. Sie trafen dort auf das Reich der Azteken, jener hoch entwickelten Kultur des 14. bis 16. Jahrhunderts. Sowohl die Gärten der Herrscher wie Moctezuma II. (um 1465–1520), als auch die der Adligen und der städtischen Bevölkerung zeugten von umfangreichen Kenntnissen im Umgang mit Pflanzen, welche größtenteils aus den Regenwäldern des Küstenflachlandes stammten und immerhin auf 2000 Metern Höhe in der Azteken-Hauptstadt Tenochtitlán, dem heutigen Mexiko City, kultiviert wurden.

Der Bestand der Gärten liest sich wie der eines ländlichen Gartens in Oberbayern heute: Dahlie, Zinnie, Kosmee, Sonnenblume … Man muss sich jedoch vorstellen, wie erstaunt die spanischen Eroberer ob dieser Farbenpracht waren, so dass sie – wenn in vielen Fällen auch erst später – Wege suchten, diese in ihre Heimat zu »verpflanzen«. Es ist andererseits fast unvorstellbar, dass ein spanischer Feldherr wie Hernán Cortés (1485–1547) diese wundervollen Gärten dem Erdboden gleichmachen ließ, und sie nur noch ideengeschichtlich – und als Pflanzen in den Gärten (der Welt) – fortbestehen.

Das Abbild der Sonne – Sonnenblume (Helianthus)

Das Abbild der Sonne – Sonnenblume *(Helianthus)* Während man lange Zeit annahm, dass Helianthus, die Sonnenblume, ursprünglich aus dem Gebiet der heutigen USA nach Mexiko »eingewandert« war, sind sich Wissenschaftler heute fast sicher, dass es zwei voneinander unabhängige Ursprungsgebiete gibt, und können nachweisen, dass seit 2500 v. Chr. sowohl im Flusstal des Mississippi als auch in Mexiko Sonnenblumen angebaut wurden. Von Mexiko aus besiedelten sie dann weite Teile Südamerikas. Dabei gehörten sie in verschiedenen Kulturen der mexikanischen Ureinwohner, wie den Azteken in Mexiko oder den Inka in Peru, zum Bestandteil eines Sonnenkultes – die Gläubigen verehrten die Pflanze als Abbild ihres Gottes. Diese war also weit mehr als eine Gartenpflanze. Als nun die Spanier begannen, sich Mittel- und Südamerika untertan zu machen, stießen sie auf jene imposante Pflanze, die immerhin bis zu drei Meter hoch werden und einen Blütendurchmesser von 30 Zentimetern besitzen kann. Umgehend wurden ihre Samen zunächst nach Spanien und von dort nach ganz Europa gebracht, und so blühte sie dann ab der Mitte des 16. Jahrhunderts in vielen Gärten Mitteleuropas. Damit gehörte sie – zusammen mit den etwa gleichzeitig eingeführten Zwiebelblumen aus Kleinasien und der Kapuzinerkresse aus Peru – zum »Inventar« der Gärten und Gartenkataloge, die ab dem Ende des 16. Jahrhunderts entstanden, wie etwa dem 1613 erschienenen »Hortus Eystettensis«, einem prachtvollen Gartenbuch, das die Pflanzen im Garten des Fürstbischofs von Eichstätt verzeichnet. Alle dort aufgeführten Pflanzen haben sich tief in unser Bewusstsein eingeprägt, was dazu führt, dass die Herkunft der Pflanzen vergessen scheint und sie als einheimisch gelten. Vor allem aber auch die US-Amerikaner betrachten die Pflanze als originär zu ihnen gehörig – der Staat Kansas, dessen Nationalpflanze sie ist, bezeichnet sich gar als »Sunflower State«. Im Laufe der Zeit hat man dort allerdings auch eine ganze Reihe von heimischen Helianthus-Arten, darunter auch ausdauernde, gefunden. *Helianthus annuus*, der Carl von Linné ihren Namen gab, bleibt bis heute die wichtigste unter den insgesamt 57 Helianthus-Arten. Sie ist eine einjährige Pflanze mit einem dunkelbraunen Blütenkorb, der aus rund 3500 Röhrenblüten besteht und von gelben, nach langjährigen Züchtungen auch orangefarbenen, sterilen Zungenblüten umgeben ist. Außer ihrer ungeheuren Farbigkeit besitzt sie eine weitere Eigenschaft, die ihre Bedeutung vergrößerte: Die Samen sind ölhaltig. Dieses Potenzial der Sonnenblumen wurde zuerst in Russland erkannt, wo sie seit 1850 auf riesigen Flächen angebaut

Der Blütenkorb der Sonnenblume blüht von außen nach innen ab.

Nächste Doppelseite: Links | Der griechische Dichter Ovid belegte eine (nicht identifizierte) Pflanze mit dem Namen Helianthus (»die der Sonne Zugewandte«). Rechts | Die Eigenart der Pflanze, sich immer der Sonne zuzuwenden, wird als Heliotropismus bezeichnet.

a

b

werden. Sozusagen einen Startschub verpasste dem Sonnenblumenöl die orthodoxe Kirche, die nahezu drei Viertel des Jahres den Einsatz tierischer Fette verbot. Die russische Bevölkerung fand in dem pflanzlichen Öl als »Fastenöl« einen vollständigen Ersatz. Unter den Samenölpflanzen nimmt die Sonnenblume heute, was den weltweiten Anbau angeht, den dritten Platz ein – nach Soja und Raps.

PFLEGETIPPS Anfang April bis Anfang Juni gibt man die Sonnenblumen-Samen an einem sonnigen Platz direkt in den möglichst humusreichen Boden und sorgt für eine ausreichende Wasserzufuhr – die Pflanze wird sich zuverlässig entwickeln und je nach Sorte und Pflanzzeitpunkt zwischen Juli und September blühen. Um Samen für das nächste Jahr – oder auch Vogelfutter – zu erhalten, sollte man diese möglichst spät ernten; da man damit jedoch in Konkurrenz zu den Vögeln tritt, muss man gegebenenfalls die Blütenkörbe mit einem Netz schützen.

Begonien stehen in der Rangliste der am meisten verkauften Beetpflanzen auf Platz 10 (hinter Geranien, Primeln, Stiefmütterchen, Sommerheide, Erika, Fleißigen Lieschen, Petunien, Margariten und Fuchsien).

Klassiker im Sommerbeet – Begonie *(Begonia)* Mit

1500 Arten gehört Begonia, auch im Deutschen zumeist als Begonie bezeichnet, zu den größten Gattungen der Blütenpflanzen. Übergeordnet zusammengefasst ist sie in der Familie der Schiefblattgewächse, deren Name ein charakteristisches Merkmal der Pflanzen, nämlich das vollkommen asymmetrische Blatt, beschreibt. Begonien wachsen vor allem in den tropischen und subtropischen Regionen Südamerikas, aber auch Mittelamerikas (sowie Afrikas und Asiens) als mehrjährige Pflanzen in schattigen Lagen bis in Höhen von 4000 Metern. Sie treten sehr vielfältig auf – von nur wenige Zentimeter hohen Rhizomstauden bis hin zu drei Meter hohen Sträuchern. Auch als Epiphythen, also als Pflanzen, die auf anderen aufwachsen, sind sie zu finden – ein Umstand, der sie auch für die Pflanzung in einer Hängeampel prädestiniert.
Die erste Beschreibung einer Begonie durch einen Mitteleuropäer ist bei dem spanischen Arzt und Naturforscher Francisco Hernandez de Toledo (1514-1587) zu finden, der als Leibarzt des spanischen Königs 1570 in die »Neue Welt« gesandt wurde, um die eroberten Gebiete naturkundlich zu untersuchen. Sieben Jahre lang sammelte, beschrieb und zeichnete er Mineralien, Tiere und Pflanzen – unter ihnen auch eine Begonienart. Diese Entdeckungen wurden allerdings erst nach seinem Tode mit einer Verzögerung von 80 Jahren um 1650 veröffentlicht.

40 Jahre später (1690) gab es einen erneuten Begonienfund – diesmal mit Folgen, da Charles Plumier (1646-1704) der Gattung ihren Namen gab. Plumier, geboren in Marseille, Mönch und Botaniker, unternahm als Gesandter von Michel Bégon (1638-1710), dem damaligen Befehlshaber der französischen Marine in Rochefort, der zuvor Gouverneur des heutigen Haiti gewesen war, in den Jahren 1689/90 eine Reise auf die französischen Antilleninseln Guadeloupe und Martinique, das sogenannte »Französisch Westindien«. Das Ziel der Reise war das Sammeln von Pflanzenmaterial. Die Ausbeute übertraf alle Erwartungen. Sie brachte ihm die Bewunderung der gesamten Fachwelt ein und verschaffte ihm den Titel eines »Botanikers des Königs«. Ausgestattet mit diesem Titel unternahm er zwei weitere Reisen (1693 und 1695). Insgesamt lieferte er über 4000 Zeichnungen und Beschreibungen von mehr als 219 Pflanzen aus etwa 100 Gattungen – unter ihnen die Fuchsie und eben eine Begonie, für die er diesen Namen wählte, um den Mann zu ehren, der ihm die erste große Reise ermöglicht hatte.

Die Begonien jedoch, die in mitteleuropäischen Gärten oder auf Balkonen, Terrassen oder Friedhöfen blühen und auch als Zimmerpflanzen äußerst beliebt sind, wurden erst sehr viel später in Südamerika aufgespürt. Da sind zunächst die in Brasilien beheimateten »Immerblühenden Begonien« *(Begonia semperflorens)*, wegen ihrer brüchigen Blätter (grün bis rötlich) auch als Eisbegonie bezeichnet. Sie werden wie einjährige Pflanzen behandelt, können aus Samen gezogen werden und dürfen erst nach den Eisheiligen (11. bis 15. Mai) gepflanzt werden. Diese Pflanzen stammen letztlich allesamt von Begoniensamen aus der Sammlung des Friedrich Sello(w) (1789-1831) ab, einem Berliner Hofgärtner mit professioneller botanischer Ausbildung, der an mehreren Exkursionen nach Brasilien beteiligt war und Botanische Gärten und Sammler in ganz Europa mit Pflanzenmaterial versorgte. Fast 200 Jahre Züchtungsarbeit, ausgehend vom Botanischen Garten in Berlin, mit einer Vielfalt an Blatt- und Blütenformen sowie -farben machte die Begonie seit der Jahrhundertwende zu einer der beliebtesten Sommerpflanzen des Blumenbeetes.

Die zweite große Gruppe der Garten-Begonien sind die Knollenbegonien, botanisch *Begonia x tuberhybrida*. Das »x« steht für »Hybride« und bedeutet, dass eine so umfangreiche Züchtung vorgenommen wurde, dass die ursprünglichen Stammpflanzen in den Hintergrund treten. Es handelte sich dabei um Begonien aus Peru und Bolivien, die dort in den Bergwäldern in Höhen zwischen

Eine Begonienpflanze trägt sowohl männliche als auch weibliche Blüten.

1200 und 2000 Metern wachsen. Nach etwa 130 Jahren Züchtungsarbeit, welche vor allem in England, Holland und Belgien geleistet
wurde und bei der auch Begonien aus Afrika eingesetzt wurden, gibt
es unzählige Sorten in allen Farben (außer Blau) mit großen, teilweise auch gefüllten Blüten. Verkauft werden zumeist die Jungpflan-
zen – eine Anzucht aus Samen ist zu mühsam –, aber auch Knollen,
die Überwinterungsorgane dieser eigentlich mehrjährigen, jedoch
frostempfindlichen Pflanzen, werden gehandelt. Obwohl die Knollenbegonien fast ausschließlich im Freien verwendet werden, steckt ein
kleiner Anteil *Begonia x tuberhybrida* auch in den Zimmer-Begonien,
die botanisch als Elatior-Begonien *(Begonia x hiemalis)* bezeichnet
werden.

PFLEGETIPPS Ihrer Herkunft aus den Bergwäldern Südamerikas
geschuldet, ziehen die Begonien den (Halb-)Schatten der Sonne
vor und benötigen ausreichend Feuchtigkeit, während Staunässe
unbedingt vermieden werden sollte, da sie dadurch anfällig für
Mehltau werden. Sollen Knollenbegonien mehrjährig verwendet
werden, gräbt man sie im Herbst aus und lagert sie trocken, um sie
dann im Frühjahr in Torf vorzutreiben, bevor sie ab Ende Mai aus-
gepflanzt werden können.

Noch ein Klassiker – Petunie *(Petunia)* Der Weg von Petunia,

der Petunie, aus Südamerika in unsere Gärten ähnelt dem der Begonie
in wesentlichen Zügen (Brasilien – Friedrich Sello(w) – Botanischer
Garten Berlin – Züchtungsarbeit durch Kreuzung mit verschiedenen
Petunienarten insbesondere in England). Die Pflanze mit den cha-
rakteristischen, an Trompeten erinnernden Blüten gehört allerdings
zur Familie der Nachtschattengewächse *(Solanaceae)*, zu der auch der
Tabak *(Nicotiana)* zählt, der wiederum ganz ähnliche Blüten besitzt
wie die Petunie und in der Sprache der brasilianischen Ureinwohner
petun heißt. Diesen Namen hatte der französische Botaniker am Jar-
din des Plantes, Antoine-Laurent de Jussieu (1748–36), wohl passend
gefunden, als er zwei Vertreter dieser Gattung, darunter eine nachts
weiß blühende, duftende Pflanze (heute *Petunia axillaris* – genau jene
Art, welche Sellow 1823 einführte) botanisch zu klassifizieren hatte.
Die ersten Gartenpetunien entstanden in England um 1830 durch
Kreuzung dieser Art mit einer am Tag blühenden, violetten, duft-
losen Art *(Petunia violacea)*. Sie kamen für Gärten und Blumenkästen
rasch in Mode, zumal sie fast ununterbrochen den ganzen Sommer

Auffallend sind die zahl-
reichen trichterförmigen
Blüten der Petunie, die
das Blattwerk fast über-
decken.

a

b   c

über blühen und Sonne gut vertragen. Die umfangreiche züchterische Weiterentwicklung wurde in Frankreich, Belgien und England betrieben und führte zu einer Unmenge an Blütenfarben und -formen. Aber dennoch ist auch heute der Bedarf an neuen Sorten ungebrochen, so dass die Neuzüchtungen der japanischen Firma Suntory – die eigentlich mit alkoholischen Getränken Geld verdient –, welche die Surfinia-Petunien entwickelte, im wahrsten Sinne des Wortes auf fruchtbaren Boden fielen. Diese Pflanzen bilden sehr dekorative, bis 2,5 Meter lange, mit je nach Sorte auch gefüllten Blüten übersäte Triebe, können jedoch nur über Stecklinge vermehrt werden. Eine weitere Neuentwicklung aus dem Hause Suntory sind die sogenannten »Million Bells« – ein geschütztes Warenzeichen und jede Nachvermehrung zu gewerblichen Zwecken ist strafbar –, die auch als Carillion-Petunien oder Zauberglöckchen bezeichnet werden; allerdings wird darüber diskutiert, ob die »Basis« dieser Pflanzenzüchtungen nicht eine andere Gattung (Calibrachoa) ist. Wie auch immer: Million Bells-Petunien wachsen prächtig in Ampeln – mit vielen kleinen glockenförmigen Blüten. Aber: Frost vertragen sie alle nicht.

Die dicken, rotbraunen Früchte der Fuchsie dienen vor allem der Samengewinnung, können jedoch auch zu Marmelade verarbeitet werden.

PFLEGETIPPS Mit ein wenig Aufmerksamkeit – während einer regenarmen Phase sollten die Petunien ausreichend gewässert werden, abgeblühte Teile sind regelmäßig zu entfernen (bei den »Million Bells« ist man richtig beschäftigt) – blühen die Petunien einen ganzen Sommer lang. Störend war bei vielen Sorten, dass sie durch Regen unansehnlich werden, doch gibt es neuere Züchtungen mit regenfesteren Blüten. Was die Surfina- und Million Bells-Petunien angeht, so gelten sie als einjährige Pflanzen, wogegen die herkömmlichen Petunien über Samen vermehrt werden: Nachdem im Februar die Samen unter Glas angezogen wurden, müssen dann die Pflänzchen einzeln zunächst in einen eigenen Topf gesetzt werden, bevor sie nach den Eisheiligen das Beet oder den Balkonkasten zieren. Ihre Blütezeit ist von Juni bis Oktober.

Ballerina im Garten – Fuchsie (Fuchsia)

Fuchsia, die Fuchsie, machte Charles Plumier noch viel bekannter, als er dies durch die Beschreibung der Begonie und anderer Pflanzen ohnehin schon war. Gefunden hatte er sie auf seiner dritten Reise 1695, die ihn in das heutige Haiti führte. Dort entdeckte er eine buschartig wachsende Pflanze mit auffälligen Blüten, die er 1703 in seinem großen Werk über die neu entdeckten amerikanischen Pflanzengattungen

vorstellte und sie einem der Vorbilder aller damaligen Botaniker und botanisch Interessierten widmete: Leonhart Fuchs (1501–1566), der in seiner Hochzeit als Medizinprofessor in Tübingen wirkte. Dieser hatte vor allem mit der deutschen Übersetzung seines mit Holzschnitten beeindruckend illustrierten Kräuterbuches Maßstäbe gesetzt. Darin hatte er 400 einheimische Wildpflanzen sowie 100 Nutz- und Zierpflanzen, darunter auch die zu dieser Zeit gerade eingeführten Pflanzen Mais, Tomate und Kartoffel sehr methodisch mit botanischen Besonderheiten, Standortbedingungen und medizinischer Wirkung vorgestellt.

Nun hatte die Gattung Fuchsie zwar seit 1703 einen Namen, aber Pflanzen in Gärten gab es noch nicht. Das sollte allerdings auch noch 90 Jahre dauern, denn erst ein Londoner Gärtner brachte 1793 Pflanzen in den Handel. Die Herkunft dieser Exemplare ist nicht geklärt: Während der Gärtner behauptete, sie einer Matrosenfrau abgekauft zu haben, wurde ihm unterstellt, er habe sie aus dem Botanischen Garten in Kew »mitgehen lassen«. Wie auch immer: Es handelte sich bei diesen Pflanzen, botanisch korrekt bestimmt, um *Fuchsia magellanica*. Diese wachsen in den höheren Lagen der peruanischen Anden und sind deswegen auch keine Tropenpflanzen, was dem Einsatz in mitteleuropäischen Gefilden natürlich zugute kommt – in England und Irland kommen sie seit einiger Zeit sogar verwildert vor. Mit dem Beginn des 19. Jahrhunderts kamen dann in rascher Folge eine ganze Reihe weiterer Fuchsienarten nach Europa. Fuchsien, von denen es insgesamt rund 100 Arten gibt, wachsen als Kräuter, Halbsträucher, Sträucher oder sogar Bäume in ganz Südamerika, auf Tahiti und Neuseeland. Das Besondere an der zur Familie der Nachtkerzengewächse (*Onagraceae*) gehörenden Pflanze ist ohne Zweifel ihre Blüte, die an eine Ballerina erinnert: mit einer Kelchröhre und den Blütenblättern (Körper), den vier zurückgebogenen Kelchblättern (Rock) sowie dem Stempel und den Staubblättern (Beine).

Die Fuchsie setzte zu einem Siegeszug durch insbesondere englische Gärten an und war auch als Schnittblume sehr beliebt. Die große Nachfrage veranlasste zahlreiche Gartenbaubetriebe in ganz Europa, eine umfangreiche Züchtungsarbeit zu starten – bald gab es neben den rot-blauen auch rot-weiße Sorten. Bis heute wurden über 2000 Sorten gezüchtet, auch mit dem Ziel, kälteresistentere Pflanzen, solche mit gefüllten Blüten, längeren Kelchen oder mit hängenden Trieben zu erhalten.

Als Zimmerpflanzen sind Fuchsien einigermaßen ungeeignet, da sie die trockene Zimmerluft schlecht vertragen.

Plumier aber war 1704 in Spanien verstorben, als er sich einschiffen wollte für eine vierte Reise, auf der er in Peru nach dem (medizinisch) wertvollen Chinarindenbaum suchen wollte.

PFLEGETIPPS Fuchsien sind keine Sonnenpflanzen. Sie bevorzugen den Halbschatten und mögen es nicht zu trocken, aber Staunässe vertragen sie auch nicht. Hängen die Blätter im Sommer welk nach unten, so liegt das häufig an der Temperatur und nicht am Wassermangel! Im Winter, wenn die Fuchsien ihr Laub abwerfen, werden sie zurückgeschnitten und überwintern wie fast alle Kübelpflanzen im Haus möglichst kühl und frostfrei. Es gibt aber heutzutage auch winterharte Sorten, die im Übrigen den Wildformen sehr nahe kommen, welche draußen, etwas geschützt, verbleiben können.

Fülle, Farbe und Pracht – Dahlie *(Dahlia)*

Dahlia, die Dahlie oder Georgine, duftet nicht, sie ist nicht winterhart und erfordert einige Mühe beim Aus- und Eingraben der Wurzelknollen. Und dennoch gehört sie seit mehr als 150 Jahren zu vielen Gärten in Mitteleuropa, ist sie geradezu ein Inbegriff der Pflanzen des ländlichen Gartens geworden und kaum daraus wegzudenken. Und ganz erstaunlich: Gleiches galt für die prächtigen Gärten der Azteken. Dort hatte sie auch Francisco Hernandez (siehe unter Begonie) entdeckt, wovon Zeichnungen und Beschreibungen in dem erst nach seinem Tod veröffentlichten Werk über die Geschichte Mexikos zeugen. Nach seinen Angaben bezeichneten die Azteken diese Blume, bei der es sich um eine ganz einfache Form mit acht Blütenblättern gehandelt haben muss, als *Axocoxochitl* (zusammengesetzt aus *atl* – »Wasser«, *cocli* – »Röhre«, *xochitl* – »Blume«; also »die Blume, die über einer Wasserröhre sitzt« – und tatsächlich ist der hohle Stängel oft mit Wasser gefüllt).

Dieser Fund zeigte allerdings keine Wirkung. Erst als 1791 Abbé Antonio Cavanilles (1745–1804) – zu dieser Zeit noch Mitarbeiter im Botanischen Garten in Madrid, kurze Zeit später dann dessen Direktor – Dahliensamen aus einem Paket des Botanischen Gartens in Mexiko zum Blühen brachte, konnten Mitteleuropäer diese Blume bestaunen. Cavanilles nannte sie *Dahlia* (*Dahlia coccinea* und *Dahlia pinnata*) nach dem schwedischen Naturforscher und Linné-Schüler Andreas Dahl (1751–1789), welcher kurz zuvor verstorben war. Eine gewisse Verwirrung ergab sich, als sich herausstellte, dass der Name *Dahlia* von einem anderen Botaniker für eine andere Pflanze (einen

Dahlienschauen – unter ihnen ist die in Deutschland bekannteste die auf der Insel Mainau – informieren jährlich über die neuesten Trends der Dahlienzüchtung.

südafrikanischen Strauch aus der Familie der Zaubernussgewächse) fast zeitgleich vergeben wurde. Diese Verwirrung versuchte der Berliner Botaniker Carl Ludwig Willdenow (1765–1812) 1803 aufzulösen, indem er der Dahlie den Namen *Georgina* gab. Er stiftete damit allerdings einen weiteren Namen, so dass die Pflanze wenigstens im deutschen Sprachraum mit zwei Bezeichnungen (Georgine war lange Zeit die gebräuchlichere) »leben« musste. Botanisch korrekt wurde das Problem dadurch gelöst, dass die andere Pflanze einen anderen Namen bekam.

Georginen-Dahlien gab es Anfang des 19. Jahrhunderts dann nicht nur dem Namen nach in ganz Mitteleuropa, zumal der Naturforscher Alexander von Humboldt (1769–1859) die Botanischen Gärten in Paris und Berlin mit Lieferungen von Dahliensamen versorgte, die er auf der letzten Station seiner großen Südamerikareise 1799 bis 1804 in Mexiko gesammelt hatte. Alsbald setzte eine große Züchtungswelle ein, welche die Zahl der Sorten innerhalb von 50 Jahren auf Hunderte anwachsen ließ. Nun gab es neben den einfachen Sorten auch solche mit komplizierterem Blütenaufbau mit mehreren Schichten von Blütenblättern, die auch in sich aufgerollt sein können (Ball- und Pompondahlien). Während die Knollen – denn als solche sind die Dahlien im Handel – zunächst noch sehr teuer und damit dem Kauf durch den Adel vorbehalten waren, wurden sie im Zuge der raschen Vermehrung der Sorten auch für einfache Bürger und Bauern erschwinglich und dementsprechend auch zu Lieblingsblumen in vielen Gärten.

1872 erhielt die Dahlienzüchtung noch einen ganz neuen Impuls durch die Kreuzung mit der Dahlienart *Dahlia juarezii* (der Artname ehrte den damaligen mexikanischen Staatspräsidenten), die sich durch spitz zulaufende, gerollte Blütenblätter auszeichnet. Eine einzige Pflanze aus einer Pflanzenlieferung aus Mexiko überlebte und bildete die »Mutter« der sogenannten Kaktusdahlien. Heute ist die Fülle Tausender Sorten unterschiedlichster Formen und Farben kaum zu überblicken, die – oft in Kombination mit anderen Pflanzen aus fernen Welten – ihre Pracht vom Sommer bis zum Herbst entfalten:

Wie alles am tiefsten in Farben glüht:
Dahlien, Astern, Gladiolen, Georginen,
mild von der gelben Sonne beschienen,
drängen prunkend über den Gartenzaun,
Und allüberragend die Sonnenblumen schaun …
AUS: »SOMMER VERGLÜHT« VON FRIEDO LAMPE (1899–1945)

Dahlien gehören zu der großen Familie der Korbblütler (Asteraceae).

PFLEGETIPPS Dahlienknollen werden sechs Wochen vor dem Ende der Frostperiode direkt in gute Erde an einen sonnigen Platz gepflanzt – es bietet sich an, neben dem Pflanzloch einen Stab in die Erde zu stecken, an dem der Stängel später angebunden wird. Um die Pracht der Dahlien zu erhalten, sollte man auf eine ausreichende Feuchtigkeitszufuhr achten und Verblühtes sowie nach der Blüte entstandene Samenkapseln entfernen. Sobald die ersten Herbstfröste das Laub zerstört haben, werden die Knollen ausgegraben, gegebenenfalls geteilt und überwintern an einem kühlen frostfreien Ort.

Die international maßgebliche englische »National Dahlia Society« teilte die Dahlien nach der Form der Blüten in zehn Klassen.

Pflanzen aus Afrika

Die natürliche Vegetation Afrikas ist entsprechend der klimatischen Bedingungen in verschiedene Zonen aufgeteilt: Nördlich und südlich des Äquators findet sich der tropische Regenwald (elf Prozent des Kontinents), daran grenzen je nach Niederschlagsmenge Savannen und Steppen (31 Prozent), Feuchtsavannen (21 Prozent) und

Wüsten (35 Prozent). Eine ganz besondere Stellung nimmt die sogenannte Kapregion ein, also die Südspitze Afrikas, in der ein mittelmeerähnliches Klima herrscht mit warmen, aber nicht zu heißen Sommern und einigermaßen regenreichen Wintern.

Derart begünstigt, wuchs eine Vegetation heran, welche man als *Capensis* oder in der Sprache der Südafrikaner als *fynbos* (gesprochen fayn-bos) bezeichnet und die durch einen Artenreichtum (über 24.000 Arten!) gekennzeichnet ist, der weltweit seinesgleichen sucht. Diese Vegetation wechselt ihre Ausprägung jeweils mit dem speziellen Ort, seiner Bodenbeschaffenheit und dem Mikroklima. So kann man unterscheiden zwischen einer Strandvegetation, in der die Mittagsblumen zu finden sind, und einer Bergvegetation, die eher durch Pelargonien, Lobelien, Gladiolen sowie die Nationalblume Südafrikas, die *Protea* (Zuckerbusch oder Silberbaum), gekennzeichnet ist. Da traf es sich gut, dass die Kaufleute, die im 17. und 18. Jahrhundert nach Asien segelten – in der Nachfolge der portugiesischen Seefahrer, die 1497/98 einen Seeweg nach Indien gefunden hatten – wie diese am Kap der Guten Hoffnung einen Zwischenstopp einlegten. Nur die Heimat des Fleißigen Lieschens liegt an der tropischen, regenreichen Ostküste des afrikanischen Kontinents, der am Ende des 19. Jahrhunderts unter den europäischen Kolonialmächten aufgeteilt wurde.

Tausend blaue Glöckchen – Lobelie *(Lobelia)* Betrachtet man *Lobelia erinus*, die Lobelie mit der deutschen Bezeichnung Männertreu, die in unseren Gärten mit ihren kleinen, asymmetrischen, zumeist azurblauen Blüten überaus reich blüht, so glaubt man nicht unbedingt, dass es sich dabei um ein Mitglied der Familie der Glockenblumen *(Campanulaceae)* handelt. Aber tatsächlich gibt es mit circa 300 Vertretern mehr Arten der Gattung *Lobelia* als der Gattung *Campanula*, den eigentlichen Glockenblumen. Zudem sind sie weiter verbreitet: Lobelien-Arten finden sich in Nord- und Südamerika sowie in Afrika – davon allein im Süden Afrikas etwa 50. Eine von diesen ist *Lobelia erinus*, die an warmen und feuchten Standorten weit verbreitet in niedrigen Polstern wächst. Sie ist allerdings auch dort nur einjährig (nur einen Sommer lang – deswegen auch Männertreu!); die Pflanzen blühen nach Regenperioden kurz auf, bilden Samen und verschwinden dann wieder.

Nach Europa eingeführt wurde sie durch Paul Hermann (1646–1695), einen deutschen Mediziner und Botaniker, der von 1672 bis 1677 für die Niederländische Ostindien-Kompanie (NOC) – zur damaligen Zeit ein »Weltkonzern«, der das Monopol über den Gewürzhandel mit Südostasien hatte – als Arzt auf Ceylon tätig war. Auf seiner Reise dorthin hatte er zehn Tage am Kap der Guten Hoffnung verbracht, wie das damals als Zwischenhalt auf der langen Reise üblich war (das Kapland war von 1652 bis 1815 eine niederländische Kolonie). Überwältigt von der Schönheit der Region sammelte er Pflanzen und Samen und legte Herbarbelege an – ob er dabei auch *Lobelia erinus* mitnahm oder ob ihm die Pflanze später mitgebracht oder zugesandt wurde, bleibt ungeklärt. Jedenfalls findet sie sich nach seiner Rückkehr nach Europa in dem vom Botanischen Garten in Leiden, dessen Direktor Hermann wurde, angelegten Katalog der dort kultivierten über 3000 (!) Pflanzen, welcher 1678 erschien. Sie ist dort benannt als *Campanula minor africana, erini facie, flore violaceo* ... – also: »kleine afrikanische Glockenblume, vom Aussehen des Alpenbalsums Erinus, mit veilchenähnlicher Blüte« – ähnlich umfangreich waren im Übrigen die Pflanzennamen, bevor sie Carl von Linné auf Gattungs- und Artnamen reduzierte. Den des Männertreu legte Linné 1753 als *Lobelia erinus* fest. Wiederum stellt dieser Gattungsname eine Ehrung dar – diesmal galt sie Matthias de L'Obel (1538–1616), einem flämischen Arzt und Botaniker; vergeben hatte ihn Charles Plumier (siehe auch unter Begonie und Fuchsie), der Lobelien auch in Mexiko vorgefunden hatte.

Lobelien haben wie die Glockenblumen fünf Blütenblätter, welche jedoch zwei Lippen bilden – mit drei Blütenblättern als unterer und zwei verkürzten als oberer Lippe – und werden deshalb auch als Spaltglöckchen bezeichnet.

Aber zurück zu Hermann: Dieser muss regelrecht »pflanzenver-
rückt« gewesen sein, denn er sammelte Pflanze um Pflanze durch
eigene Reisen und Korrespondenz und schuf eine der ganz großen
Pflanzensammlungen, insbesondere exotischer Pflanzen, seiner
Zeit. Und die blaue Lobelie? Es dauerte einige Zeit, bis sie sich in den
Gärten durchsetzte, obwohl sie sich leicht kultivieren ließ. Sie wurde
dann aber ab 1850 richtig modern, als es »schick« wurde, Pflanzen
möglichst großflächig zu pflanzen. So kam es dann durchaus vor, dass
im Garten eines Adligen oder reichen Bürgers 40.000 Lobelien-Pflan-
zen einen blauen Teppich bildeten. Züchtungen von rosafarbenen,
weißen oder hellblauen Sorten gelangen zwar, wurden jedoch nicht
überzeugend angenommen, dazu war die blaue Farbe viel zu »aristo-
kratisch«. Ganz besonders beliebt – auch in Balkonkästen – war die
Pflanzung zusammen mit pinkfarbenen Geranien. Heute wird diese
Kombination von Gartendesignern als »zu altmodisch« bezeichnet –
so ändern sich die Zeiten. Männertreu findet aber auch heute oft ein
Plätzchen im Garten oder auf dem Balkon, was sich auch insofern
lohnt, weil die Pflanze nicht nur als hervorragende Bienenweide,
sondern auch als Schmetterlingslockpflanze fungiert, so dass eines
der »Schmetterlingslieder« von Karl Henckell (1864–1929) wie eine
Hymne auf *Lobelia erinus* klingt:

Goldne Sterne, blaue Glöckchen,
Wieviel wonnevolle Kelche …
Tausend Blüten seh' ich winken
Weiche Blüten nah und ferne …

PFLEGETIPPS Es steckt noch ein »Stück Afrika« in den Lobelien,
da sie ihre ganze Kraft in den Samenansatz stecken und nach der
Blüte rasch unansehnlich werden. Zwar gibt es mittlerweile Züchtungen, die länger blühende Sorten hervorgebracht haben, doch
empfiehlt es sich, die Pflanzen im Juli radikal zurückzuschneiden,
so dass sie einen neuen Blütenflor aufbauen und im August »wie
neu« zurückkehren. Sie lieben es nicht zu trocken, nicht zu nass,
mögen die Sonne und gedeihen aber auch im Halbschatten. Vor
dem Frost ins Haus geholte Pflanzen können dort durchaus überwintern, üblicherweise werden die Samen jedoch im Januar vorgezogen und dann ab Mai ins Freie gepflanzt.

Nächste Doppelseite:
Links | Duftgeranien-
blätter riechen nicht
nur gut, sie sind auch
essbar und eine Be-
reicherung für Salate.
Rechts | Verwelkte Blüten
der Pelargonien sollten
regelmäßig entfernt
werden, insbesondere
auch bei Regen, da die
Blütenblätter sonst
verkleben und anfällig für
Pilzkrankheiten werden.

Sommer vor dem Balkon – Geranie *(Pelargonium)*

So bunt und vielfältig die Blüten von Pelargonium, im Deutschen als Geranie bezeichnet, sind, so bunt und durcheinander sind auch die Namen, mit denen sie beschrieben werden. Da ist zunächst der lateinische bzw. deutsche Name – absolut verwirrend, denn der deutsche Name »Geranie« hätte ja eigentlich das lateinische Pendant *Geranium*, dieses aber steht für den deutschen Namen »Storchenschnabel«. Und dann heißt »Storch« auf Griechisch auch noch *pelargos*, während *geranos* »Kranich« bedeutet. Wie erklärt sich das Namenschaos? Gehen wir einmal aus von den beiden lateinischen Namen der Gattungen *Geranium* und *Pelargonium*: Beide gehören zur Familie der Storchschnabelgewächse *(Geraniaceae)*, deren namengebendes Charakteristikum ist, dass sie am oberen Ende der Frucht ein langes, schnabelähnliches Gebilde tragen. Beide Gattungen sind also nah verwandt, unterscheiden sich jedoch im Blütenaufbau: *Geranium* besitzt fünf gleiche Blütenblätter, während bei *Pelargonium* zwei Blütenblätter eine andere Form oder Farbe als die anderen drei besitzen. Zunächst waren durch Carl von Linné beide unter *Geranium* subsumiert worden, doch der französische Botaniker Charles Louis L'Heritier (1746-1800) trennte die beiden Gattungen 1789, was insofern sehr sinnvoll war, als allein *Pelargonium* über 250 Arten enthält.

Die meisten dieser Pelargonien-Arten kommen in Südafrika vor – so mussten sie geradezu Paul Hermann (siehe unter Lobelie) »in die Hände fallen«, der zehn verschiedene Arten in seinem Katalog der Pflanzen im Leidener Botanischen Garten von 1678 aufführte. Die erste Geranienart jedoch, die auf europäischem Boden wuchs, war *Pelargonium triste*, eine durchaus attraktive Kap-Pflanze mit fünf weiß-dunkelrot gestreiften Blüten auf einem sehr langen Blütenhals, die nachts duftet. Derjenige, der sie mitbrachte, blieb anonym, doch sie wuchs im Garten von John Tradescant dem Älteren (siehe unter Yucca), der die Samen um 1630 von einem Kollegen aus Paris erhalten hatte. Es stellte sich heraus, dass diese Geranienart ebenso wie die aus Leiden – und weitere eingeführte Arten – sich gut an das europäische Klima gewöhnten (winterhart sind sie natürlich alle nicht). Bis zu Beginn des 19. Jahrhunderts wurden allerdings nur die Wildarten gehandelt. Erst um 1800 lief der »Züchtungsapparat« an, der im Laufe der Zeit unglaublich viele Sorten einer der beliebtesten Gartenpflanzen hervorbrachte – die wohl bekannteste Geranie mit den fast feuerwehrroten Blütenblättern wurde um 1900 gezüchtet: Ihr Name: *Pelargonium Paul Crampel* (Crampel war ein Afrikaforscher). Sie ist ein

a

b

ganz typischer Vertreter der sogenannten Zonale-Geranien, aufrecht wachsenden Sorten mit kreisrunden Blättern.

Daneben gibt es die großen Gruppen der Peltatum-Geranien, also der hängenden Sorten, die vorwiegend in Balkonkästen gepflanzt werden, der Schmuckblattgeranien sowie der Duftgeranien (sowie auch Kreuzungen der Gruppen). Gerade Letztere, deren Blätter je nach Art nach Rosen, Zitronen oder Minze duften (alle Geranienblätter enthalten ätherisches Öl), finden immer mehr Liebhaber – auch als Zimmerpflanze. Das ätherische Öl der Rosengeranie *(Pelargonium graveolens)* machte sogar eine eigene »Karriere« als Geranium-Öl, welches sehr angenehm nach Rosen duftet, jedoch erheblich preiswerter als das echte Rosenöl zu erhalten ist. Und noch eine weitere Eigenschaft der Pelargonien sei erwähnt: Aus den Wurzeln von *Pelargonium sidoides* wird ein Extrakt gewonnen (als Umckaloabo® im Handel), der als Arzneimittel bei Abwehrschwäche oder bronchialen Infekten eingesetzt wird.

PFLEGETIPPS Die Geranie, die beliebteste deutsche Gartenpflanze, mag die Sonne, gedeiht aber auch im Halbschatten, wo sie vielleicht etwas weniger intensiv blüht. Auch sie hat die Anforderungen ihrer südafrikanischen Vorläufer sozusagen »gespeichert« und verträgt kurzzeitige Trockenphasen relativ gut, wogegen Staunässe eher zu vermeiden ist. Nach der Blütezeit, die von Mai bis Oktober anhalten kann, müssen die Pflanzen (in Erde!) in der kalten Jahreszeit in ein kühles, helles Winterquartier umziehen (im Mittelmeergebiet können sie ganzjährig draußen bleiben), erst im Frühjahr werden die Triebe gekürzt, bevor sie ab April gepflanzt werden können (dann allerdings noch mit Schutz). In Südafrika wachsen die Pelargonien als Teil des *fynbos* auf riesigen Wiesen und wirken dadurch wie Farbflächen. Genau dieser Effekt wird auch in südafrikanischen, naturnah ausgerichteten Gärten nachgeahmt, indem Pelargonien auf einem größeren Areal und nur in einer oder zumindest wenigen Farben gepflanzt werden – ein Effekt, der sich (allerdings nur einen Sommer lang) auch in mitteleuropäischen Gärten verwirklichen lässt.

Weit über 50 Millionen Geranienpflanzen, die allein in Deutschland pro Jahr verkauft werden, können nicht irren!

Showtime bei Mittagssonne – Mittagsblume *(Dorotheanthus und Gazania)*

Die deutschen Namen Mittagsgold, Mittagsgoldblume oder Sonnentaler für Dorotheanthus und Gazania sind wirklich Programm für die gesamte Gruppe der Mittagsblumen, zu der noch eine Reihe weiterer Pflanzenarten gerechnet werden: Nur über Mittag und nur bei Sonne öffnen die Pflanzen ihre an Gänseblümchen erinnernden Blüten. Die meisten Arten gehören zur Familie der Mittagsblumengewächse (mit dem unaussprechlichen Namen *Mesembryanthemaceae* bzw. dem ebenfalls unaussprechlichen Synonym *Aizoaceae)*, während Gazania zu den Korbblütlern (*Asteraceae*) zu zählen ist. 95 Prozent dieser Pflanzen wachsen in der Kapregion und stellen auch deren artenreichste Familie dar (über 100 Gattungen und bis zu 2000 Arten). Sie alle sind sukkulente Pflanzen, was bedeutet, dass sie fleischige Blätter, Triebe oder Wurzeln besitzen, die über eine längere Zeit Wasser speichern können, um so eine Trockenperiode zu überleben; diese Blätter lassen die Pflanzen dann auch - im Gegensatz zu Lobelien oder Pelargonien - exotisch aussehen. Noch in anderer Hinsicht zeigen sich die Mittagsblumen angepasst an die südafrikanischen klimatischen Gegebenheiten: Ihre Früchte gehören zu den am kompliziertesten aufgebauten im ganzen Pflanzenreich. Sie geben die Samen durch den Druck von Regentropfen frei, schließen sich dann jedoch auch wieder, um verbleibende Samen zu schützen. Diesen raffinierten Mechanismus wird man allerdings in einheimischen Gärten im Allgemeinen nicht beobachten können, da die Pflanzen (bis auf wenige Ausnahmen wie *Delosperma*-Arten) natürlich nicht winterhart sind.

Was die Mittagsblumen zu einem wahren Schatz im Garten macht, sind die Farben ihrer Blüten: So intensiv rosa, pink, gelb, blau, orange oder rot blühen nur wenige andere Pflanzen - und eine Kombination mehrerer Farben wirkt wie ein Malkasten. Die krautigen Pflanzen, die in Südafrika große Flächen, je nach Art auch in höheren Lagen, bedecken, verfehlten ihre Wirkung auf Paul Hermann (siehe unter Lobelie und Pelargonie) nicht. Er schickte unverzüglich Samen verschiedenster Kap-Pflanzen an den Danziger Kaufmann und Hobbybotaniker Jacob Breyne (1637–1697), der sie zum Blühen bringen und 1678 in dem allerersten botanischen Werk über die *Capensis* vorstellen konnte. Er war es auch, der nach den griechischen Worten *mesembria* für »Mittag« und *anthemum* für »Blume« den Familiennamen konstruierte (häufig gebrauchte Abkürzung: *Mesembs*). Zunächst wurden seine Arbeiten durch seinen Sohn Johann Philipp

Die Blütenblätter der Mittagsblumen sind fast als neonfarben zu bezeichnen.

Nächste Doppelseite: Links | Die unkompliziert wachsenden Mittagsblumen haben sich in vielen Teilen der Welt eingebürgert, wo sie häufig auch wild, z.B. an Straßen, wachsen. Rechts | Der südafrikanische Name von Dorotheanthus lautet Bokbaaivygie.

a. Ficoides Africana folio tereti erectum flore magno flamei coloris i
tus, extus ad solem aureo fulgore splendente.

b. Ficoides Africana folio tereti procumbens Chrysanthemo similis cauli
punicantibus.

c. Ficoides Africana major procumbens triangulari folio seu ficus Hotten
rum fructu turbinato flore luteo.

d. Ficoides Africana humilis, folio triangulari breviori non nihil spinos
denticulato.

e. Ficoides Neapolitana flore candido. Hauß-Wurz Feigen

f. Ficoides Africana teretifolia procumbens caulibus punicantibus seu Chry.

Breyne (1680-1764) fortgeführt, und in der Folge wurden die
Pflanzen auch in vielen europäischen Gärten gepflanzt. Doch erst
Heinrich Gustav Schwantes (1881-1960) fuhr mit der wissenschaft-
lichen Bearbeitung der Mittagsblumengewächse fort. Der Lehrer
besaß mehrere Steckenpferde, zu denen auch die Flora Südafrikas
gehörte. Aufgrund seiner Arbeiten schuf er neue Einteilungen dieser
großen Gruppe von Pflanzen und musste neue Gattungsnamen vergeben – da griff er zu ganz naheliegenden Namen und benannte eine
Gattung als *Astridia* nach seiner Frau Astrid, eine andere nach seiner
Mutter Dorothea *Dorotheanthus*. Er selbst wurde später durch Kollegen
geehrt, die eine Gattung der Mittagsblumen *Schwantesia* nannten.
Gazania dagegen, die zwar nicht zu den Mittagsblumengewächsen
gehört, jedoch ebenfalls all deren Merkmale zeigt, wurde durch den
Tübinger Arzt und Botaniker Joseph Gärtner (1732-1791) nach dem
griechischen Schriftsteller Theodorus Gaza (um 1400-1475) benannt,
der die Werke der Griechen (auch Schriften von Botanikern) ins
Lateinische übersetzt hatte. Gärtner war auf die Pflanze aufmerksam
geworden, da er sich mit der Fruchtbildung von Pflanzen wissen-
schaftlich auseinandersetzte. In jedem Falle ist Gazania eine echte
Bereicherung im Garten neben anderen Korbblütlern wie Aster,
Margerite, Sonnenblume, Schafgarbe …

Gladiolen blühen wie viele
Gartenpflanzen in allen
erdenklichen Farben, nur
nicht in Blau.

PFLEGETIPPS Ein sonniger Platz ist im Falle der niedrig wachsenden Mittagsblumen ein »Muss« – sonst gedeihen sie nicht und
erfreuen auch nicht mit ihrer geöffneten Blüte. Der Boden kann
ruhig trocken und steinig sein, auch vor Mauern oder im Steingarten
findet sich ein Platz. Nach der Aussaat oder der Pflanzung ab Mitte
April blühen die Pflanzen etwa von Juni bis September – durch eine
Mischung verschiedener Arten und Sorten verlängert man die Blüh-
zeit, wie auch durch das Ausknipsen der Kapseln nach dem Verblühen. Gießen muss man die Pflanzen eher selten – sie sind es ja »von
zu Hause« gewöhnt, unregelmäßig Wasser zu bekommen.

Schwerter zu Blüten – Gladiole *(Gladiolus)* Mancher
Gartenliebhaber mag einwenden, dass es sich bei Gladiolus, den zu
den Schwertliliengewächsen *(Iridaceae)* gehörenden Gladiolen, um
einheimische Pflanzen oder zumindest um solche aus dem Mittelmeergebiet handelt. Und er hat auch Recht, denn neben zwei einheimischen Arten, welche heute allerdings fast ausgestorben sind, ist es
vor allem *Gladiolus communis* (genauer *ssp. byzantinus*) aus Spanien

Gladiolus, floribus unoverſu diſpoſitis, major et procerior
flore purpuro - rubente. C.B. Pin. 41.
Allermanns harniſch.

und Sizilien, welche bereits im 16. Jahrhundert in Mitteleuropa in Kultur genommen wurde und bis ins 19. Jahrhundert in vielen Gärten, besonders auch Bauerngärten, blühte. Diese winterharte (!), bis 60 Zentimeter hoch wachsende, im Frühsommer rosa blühende Gladiolenart hat ein viel zierlicheres, fast fragiles Aussehen im Vergleich zu den heute weit verbreiteten Gartengladiolen, ist jedoch auch heute noch erhältlich – und sicher eine Besonderheit im Blumengarten. Diese und weitere mediterrane Arten waren natürlich auch den antiken Botanikern aufgefallen, die ihr hervorstechendstes Merkmal, die langen, einfachen schwertförmigen Blätter, zur Namensgebung heranzogen (*gladius* – lat. »Schwert«, *gladiolus* – lat. »Schwertchen«). Im Laufe des 19. Jahrhunderts wurde *Gladiolus communis* allerdings der Rang durch die Edelgladiolen aus Südafrika abgelaufen. Die Züchter in England, Belgien, Frankreich und Deutschland schufen mit mehreren Arten mehr und mehr neue Sorten – immer höher, immer farbiger, mit immer mehr Blüten. Ihren Ausgang nahm die Züchtungsgeschichte allerdings im Apothekergarten in Chelsea (Chelsea Physic Garden), der – 1673 zur Unterweisung der angehenden Apotheker in der Bestimmung von Heilpflanzen gegründet – im Herzen Londons unter dessen Direktor Philip Miller (1691–1771) in den Jahren 1720 bis 1770 zu dem zu seiner Zeit größten Pflanzengarten ausgebaut wurde. Miller war ein weiterer der »big player« im »Pflanzenbusiness« seiner Zeit und schuf ein wahres Paradies mit Pflanzen aus aller Herren Länder – und das allein durch die Korrespondenz und den Austausch mit Botanikern in aller Welt. Viele Pflanzen wuchsen und blühten unter seiner Obhut das erste Mal in Europa, unter ihnen *Gladiolus tristis* und *Gladiolus cardinalis*, die beiden »Eltern« der Edelgladiolen, die aus der Kapregion, wo sie auf sandigen Hügeln und Feldern wachsen, 1745 in London eingetroffen waren. Mit der 1823 erfolgten Kreuzung der nachts duftenden, cremeweißen *Gladiolus tristis* und der nicht duftenden, purpurroten *Gladiolus cardinalis* durch den Gärtner James Colville, der sich mit der Benennung des Resultates als *Gladiolus colvillei* selbst belohnte, vereinte man mehrere wünschenswerte Eigenschaften in einer Pflanze. Die Züchtung wurde auf andere Arten und damit Farben ausgedehnt – lange musste man nach Gelbtönen suchen, bis ein Eisenbahningenieur 1903 am unteren Rand der Victoriafälle (2000 Kilometer nördlich des Kaps der Guten Hoffnung auf der Grenze zwischen Sambia und Simbabwe) *Gladiolus primulinus* fand. Aufgrund der zunehmenden Zahl der eingekreuzten Arten und ihren über 10.000 verschiedenen

Auch als Schnittblumen sind Gladiolen sehr beliebt – sie werden am besten geschnitten, wenn die untersten Blüten farbig werden, und benötigen in der Vase viel Wasser.

Sorten werden die Gladiolen heute in drei Gruppen nach Blütezeit, Wuchshöhe, Blütenform, Blütengröße und Zahl der Stängel eingeteilt (*Nanus-*, *Primulinus-*, *Grandiflorus-*Gruppe).

PFLEGETIPPS Gepflanzt werden die Gladiolen an einem sonnigen Standort als Knollen – um eine gewisse Farbvielfalt zu erzielen, nimmt man am besten mehrere Sorten – ab Mitte April mit einem Pflanzabstand von 15 Zentimetern. Da sie nach etwa zwei Monaten nur zehn bis vierzehn Tage blühen, pflanzt man eventuell im Abstand von zwei Wochen bis Ende Juni nach, um auch im August noch blühende Pflanzen zu erhalten. Gladiolen benötigen ausreichend Feuchtigkeit – und sie brauchen wegen ihrer Größe (bis zu 1,50 Meter) eventuell eine Stütze, um bei Wind nicht umzuknicken. Es könnte nötig werden, einen jährlichen Standortwechsel vorzunehmen, um zu verhindern, dass sie nur noch weiß blühen. Dass sie nicht winterhart sind, bedarf eigentlich keiner Erwähnung: Die Knollen werden im Oktober nach dem Vergilben des Krautes aus der Erde genommen und überwintern gut gesäubert an einem frostfreien Platz im Haus. Wenn die Knollen über den Sommer Tochterknollen gebildet haben, kann man sie abtrennen – auf diese Weise gelingt es auch, Gladiolen zu vermehren.

Der Blütenstand der Gartengladiolen, eine Ähre, also ein unverzweigter Blütenstand mit ungestielten Blüten, enthält fünf bis achtundzwanzig Blüten.

Fleißig, Fleißiger, Fleißiges Lieschen *(Impatiens walleriana)*

Keine Sommerpflanze blüht »fleißiger«, also reicher und unkomplizierter, als *Impatiens walleriana*, das Fleißige Lieschen - ob in der prallen Sonne oder im tiefsten Schatten, und das weltweit. Es gehört zur Familie der Springkräuter *(Balsaminaceae)*, einer großen Familie mit über 850 Arten und Vertretern in Nordamerika, Asien, Afrika und Australien (in Mitteleuropa gibt es originär nur eine einzige). Mit dem Namen wird die Besonderheit angesprochen, dass die Früchte bei Berührung explosionsartig die Samen herausschleudern. Jede Pflanze kann bis zu 4000 Samen produzieren, welche zwar über weite Strecken transportiert werden können, aber äußerst empfindlich auf Trockenheit und Kälte reagieren. Da war es schon sehr erstaunlich, dass die ersten *Impatiens walleriana*-Samen in einer Sendung aus Sansibar, die 1882 in europäische Erde gepflanzt wurden, auch keimten. Absender des Paketes war der britische Generalkonsul, Arzt und Botaniker John Kirk (1832–1922); adressiert war es an den Königlichen Botanischen Garten in Kew (London). Sansibar, eine Inselgruppe 30 Kilometer östlich der afrikanischen Küste, war zu diesem

Zeitpunkt ein freies Sultanat, regiert von einem Herrscher, dem Sultan, und berühmt für den äußerst lukrativen Gewürznelkenanbau. Aber zurück zum Botanischen Garten in London: Es gelang, aus den Samen Pflanzen zu ziehen, und es blühten kleine Pflänzchen mit wenigen Blättern und einigen pinkfarbenen Blüten. Zu Ehren des Sultans von Sansibar nannte der Gartendirektor Joseph Dalton Hooker (1817–1911), im Übrigen selbst ein weit gereister Arzt und Naturforscher, sie *Impatiens sultani*. Später stellte sich heraus, dass diese Art identisch war mit der bereits 25 Jahre früher ebenfalls durch ihn beschriebenen Art *Impatiens walleriana*, die mit der Namensgebung einen britischen Missionar (Horace Waller, 1833–1896) geehrt hatte, so dass der Name vereinheitlicht werden musste. In der Folge wurden Fleißige Lieschen außer in Sansibar (heute zu Tansania gehörig) küstennah im gesamten Südosten Afrikas auf Höhen zwischen Meeresniveau und 2000 Metern aufgefunden, wo sie als krautige, immergrüne Pflanzen weit verbreitet sind. Da sie dort an das vorherrschende einigermaßen regenreiche und feuchte Klima gewöhnt sind, stand einem erfolgreichen Einsatz in Mitteleuropa nichts im Wege. Die Fleißigen Lieschen, die im Übrigen im Englischen mit »Busy Lizzy« einen noch klingenderen Namen tragen, lassen sich als Zimmerpflanzen einsetzen (allerdings nicht ganz pflegeleicht) sowie in Gärten und sind besonders geeignet für die Bepflanzung von Schalen und Kästen. Durch Zucht entstanden Farben von Weiß bis Dunkelrot, auch zweifarbige sowie gefüllte Blüten und Pflanzen mit verschiedenen Blattfarben. Als eine Bereicherung des Impatiens-Sortiments wurden vor einigen Jahren Arten aus Neuguinea, nämlich *Impatiens hawkeri* und *Impatiens linearifolia*, eingeführt, die wegen ihrer dunkleren und länglicheren Blätter auffallen. Im Handel sind Kreuzungen, die als Neuguinea-Impatiens oder auch als Edellieschen bezeichnet werden.

PFLEGETIPPS Auch wenn die »Lieschen« so fleißig – wie von selbst – blühen, muss doch für ausreichend Feuchtigkeit gesorgt werden. Da sie aufgrund ihrer afrikanischen Herkunft nicht winterhart sind, kann man sie im Herbst, wenn die Temperaturen unter 10 °C fallen, ins Haus holen, wo sie an einem hellen Ort bei etwa dieser Temperatur überwintern können. Vermehrt werden sie über die Samen, die ab Januar in nicht zu kleinen Töpfen vorgezogen werden. Die Keime pflanzt man dann nach den letzten Frösten ins Freie. Mehrjährige Pflanzen sollten im Frühjahr umgetopft werden.

Impatiens walleriana bringt »fleißig« von Mai bis Oktober immer wieder neue fünfblättrige Blüten hervor.

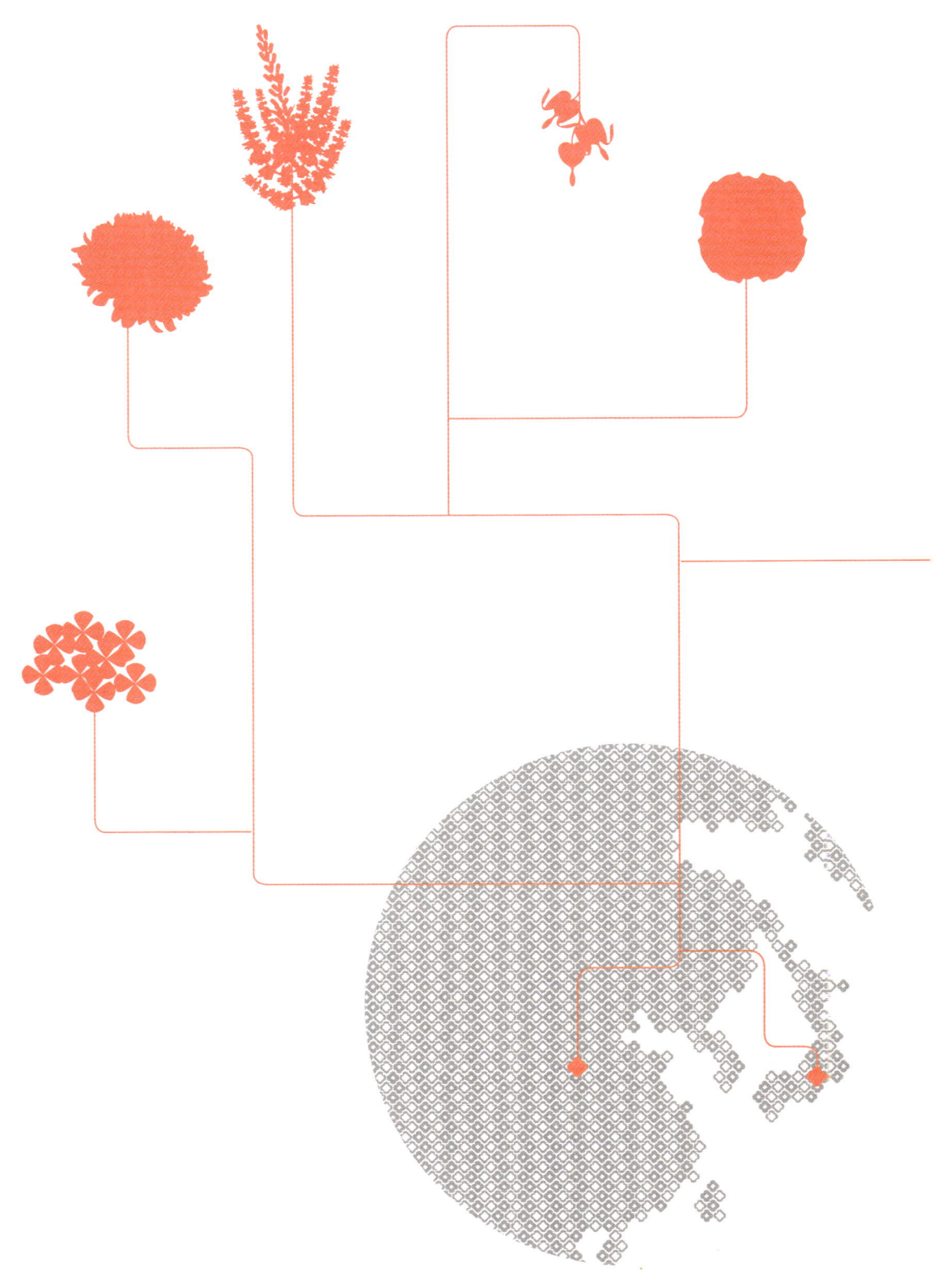

Pflanzen aus Asien

Zwar war durch die Seidenstraße, ein Netz von Handelswegen, das Asien mit Kleinasien bzw. dem Mittelmeer bereits seit dem ersten nachchristlichen Jahrhundert verband, ein Weg nach Ostasien vorgegeben, doch setzte eine botanische Erforschung dieser riesigen Region erst langsam ein, seit die Portugiesen, Niederländer, Engländer und Franzosen ab etwa 1650 Handelsniederlassungen sowie Missionarsstationen in China gegründet hatten. So wie derzeit von der »Neuen Welt« in Asien gesprochen wird, so war das schon einmal der Fall: Ab etwa 1700 wurde alles, was chinesisch war, vollkommen »schick«: Man kleidete sich in chinesische Gewänder, wer es sich leisten konnte, schmückte sein Heim (oder Schloss) mit chinesischen Teppichen und Vasen.

Aber auch die Botaniker und Abenteurer entdeckten nun sukzessive die Reiche im Osten mit einer unglaublichen Vielfalt an wild wachsenden Pflanzen wie der Prachtspiere, einer weit verbreiteten Gartenkultur, aus der das Tränende Herz und die Hortensie

stammen, und einer perfektionierten Gartenbaukunst, deren Bestandteil Blumen wie die Chrysanthemen oder die Pfingstrosen waren. Die Erforschung der Gegebenheiten in Japan wurde allerdings sehr erschwert durch die strikte Abriegelung des Landes. Als günstig für die Einfuhr von Pflanzen aus Ostasien erwiesen sich einigermaßen ähnliche klimatische Gegebenheiten im Vergleich zu Europa, da die ganze Region – natürlich mit großen Unterschieden je nach Lage, was die Temperaturschwankungen und die Niederschlagsmenge betrifft – von heißen Sommern und kalten Wintern geprägt ist.

Kaiserlicher Herbstball – Chrysantheme *(Chrysanthemum)* Die Chrysantheme gehört neben der Päonie zu den ältesten Gartenpflanzen der Welt: Chrysanthemum, auch im Deutschen als Chrysantheme bezeichnet, wächst in Mittelchina an Wegrändern, Berghängen und Wäldern wild und wurde schon vor 2500 Jahren in China kultiviert und gezüchtet. Im Laufe der Zeit wurde sie zu einem elementaren Bestandteil der ausgefeilten Blumensymbolik der Chinesen: Sie repräsentiert Mut (wegen der Blütezeit im beginnenden Herbst), ein langes Leben, Bescheidenheit, Vornehmheit sowie die ewige Liebe. Ihr »Geburtstag« ist der 9. September, anlässlich dessen im ganzen Land Chrysanthemenfeiern und -schauen abgehalten werden. Diese Wertschätzung wird nur noch überboten durch die japanische Kultur, die diese Pflanze im frühen Mittelalter in ihre Gartenkunst integrierte und sie darüber hinaus unter dem Namen *kiku* zu *der* Blume des japanischen Kaiserhauses beförderte. Auch heute noch ist der Chrysanthemenorden der höchste Orden, den der japanische Kaiser vergeben kann.

Chrysanthemem werden vielfach auf ihre Verwendung als »Totenblume« auf den Gräbern reduziert – dabei geben sie am Ende des Gartenjahres noch neue Farbimpulse.

In Japan fielen die Chrysanthemen den ersten Europäern im ausgehenden 17. Jahrhundert auf. Wegen der strikten Abriegelungspolitik Japans gegenüber Ausländern zwischen 1603 und 1867 gelang es jedoch nur selten, Exemplare zu sammeln, und diese wenigen Exemplare überlebten dann auch nur kurze Zeit in europäischen Gärten. Immerhin hatte der Danziger Kaufmann Jakob Breyne (siehe unter Mittagsblume) in einem holländischen Garten um 1680 einige Exemplare zu Gesicht bekommen, ebenso wie Leonard Plukenet (siehe unter Echinacea und Rudbeckia) in London um 1700, so dass es einige Herbarbelege sowie Beschreibungen gab, die Carl von Linné verwandte, als er sie *Chrysanthemum indicum* nannte – in der Meinung, sie komme aus Indien.

Chrysanthemum – soviel stand jedenfalls fest – ist eine Gattung aus der Familie der Korbblütler *(Asteraceae)* und sehr eng verwandt mit den Astern. Chrysanthemen werden häufig auch als Herbstastern bezeichnet, wobei die botanische Unterscheidung vor allem nach der Herkunft (bzw. äußerlich nach der Art der Blätter, welche bei den Chrysanthemen eher lappig geteilt sind) erfolgt. Tatsächlich ist die botanisch-systematische Lage sehr kompliziert, weil die »indischen Chrysanthemen« heute eigentlich gar keine Chrysanthemen mehr sind (sondern *Dendranthema*), was allerdings für den Blumenliebhaber keine Rolle spielt. Namensgebend für die ganze Gattung war eine im Mittelmeergebiet beheimatete, gelb blühende Art mit den

a. *Chrysanthemum matricariæ foliis*
   flore albo medio luteo.
b. *Chrysanthemum matricariæ foliis   flore lu-   teo simplex.*
c. *Chrysanthemum matricariæ foliis   flore   luteo pleno.*
d. *Chrysanthemum hortense folio laciniato   flore sulphureo.*
e. *Chrysanthemum Curassavicum flore aurantio.*

typischen köpfchenförmigen Blütenständen und den farbigen Zungenblüten, welche griechische Autoren Goldblume (*chrysós* bedeutet »Gold« und *ánthos* »Blume«) nannten – allerdings war für sie fast jede gelb blühende Pflanze eine »Goldblume«.

Soweit zu der Namensgebung … doch noch blühten keine Chrysanthemen in mitteleuropäischen Gärten! Erste Exemplare wurden Ende des 18. Jahrhunderts durch Kaufleute und Pflanzensammler eingeführt – insbesondere nach England, wo man das große Potenzial der Pflanzen zwar erkannte, aber immer noch nicht genug Pflanzenmaterial für einen breiten Anbau in den Gärten vorhanden war. Da war ein echter Held gefragt: Im Auftrag der Royal Horticultural Society segelte 1843 der schottische Gärtner Robert Fortune (1812–1880) nach China mit einer ganzen Liste von Wünschen seines Arbeitgebers: blaue Päonien, Teepflanzen, Pfirsichbäume … und Chrysanthemen. Drei Jahre lang blieb Fortune in China, erwanderte – mit Genehmigung des chinesischen Kaisers und der Mandarine – große Teile der nördlichen Landesteile, auf denen er viele Pflanzen sammelte, welche er dann auch noch wohlbehalten nach England transportieren konnte. Darunter befanden sich Forsythien, Pfingstrosen, Skimmien, Rosen, Azaleen, Japanische Anemonen, das Tränende Herz und Chrysanthemen. Nun setzte – mit etwas Verzögerung auch in ganz Mitteleuropa – eine umfangreiche Züchtung ein: Die Blütenköpfchengröße, die Farbe, die Form der Zungen- oder Röhrenblüten wurden variiert, was eine fast unüberschaubare Fülle von Sorten ergab. Fortune reiste weitere Male nach Asien – auf der zweiten Reise gelang ihm das Kunststück, Teepflanzen von China nach Indien zu schmuggeln; seine vierte Reise führte ihn 1860 bis 1862 nach Japan, wo er die großblumigen Chrysanthemum-Sorten entdeckte, die durch das Entfernen aller Knospen bis auf eine erhalten werden.

Der Züchtung waren fast keine Grenzen gesetzt: Als man verstanden hatte, dass die Blütenbildung abhängig von einem Licht-Dunkel-Rhythmus ist (viele Chrysanthemum-Arten benötigen einige Nächte mit 14 Stunden Dunkelheit), konnte man diesen in Gewächshäusern nachahmen, so dass es heutzutage ganzjährig (Topf-)Chrysanthemen gibt. Aber auch für den Garten finden sich unzählige – häufig kleinblütige – Freiland-Chrysanthemen, die mit ihrer spätsommerlichen Farbenpracht die Kulisse für einen Herbstball bilden könnten – die Stimmung ist allerdings ein wenig wehmütig:

Vorherige Doppelseite: Links | Früh blühende Chrysanthemen zeigen ihre Farbenpracht im August, die letzten Sorten blühen noch im November. Rechts | Deko-Chrysanthemen schmücken im Herbst als Schnittblumen die Wohnungen.

Was wartet diese Blume so lang
Auf ihr zitterndes Blumenbouquet?
Denn jetzt ist die Zeit für den klagenden Rotkehlchensang
Und die Blumen sagen Ade! …

PFLEGETIPPS Von den Pflanzen, die gemeinhin als Garten-chrysanthemen bezeichnet werden, gibt es etwa 5000 verschiedene Sorten – längst nicht alle sind winterhart. Große Ansprüche an den Platz, an dem sie im Frühjahr bis zum Frühsommer eingepflanzt werden, haben sie nicht – nur zu feucht sollte er nicht sein. Im Winter genügt meist etwas Schutz vor starken Frösten. Da die Gartenchrysanthemen häufig sehr lange Stiele haben, müssen sie einerseits aufgebunden werden, sind dadurch jedoch auch als Schnittblumen für Bodenvasen sehr beliebt. Um die Stiele standhafter zu machen und die Knospenbildung anzuregen, empfiehlt es sich, Ende Juni von jedem Trieb die letzten zehn Zentimeter abzubrechen.

Osten trifft Westen – Pfingstrose *(Paeonia)*

Paeonia officinalis, die sogenannte Echte Pfingstrose, wächst wild im Mittelmeergebiet und wurde in der Antike (belegt seit 300 v. Chr.) als Heilpflanze genutzt. Sie trägt sogar den Namen des Götterarztes Paian. Anwendungsgebiete waren Magenschmerzen, Gelbsucht, Nieren-, Blasen- und Frauenleiden. 9000 Kilometer östlich von Griechenland wird die Chinesische Pfingstrose, *Paeonia lactiflora*, bereits seit mindestens 1000 v. Chr. in Gärten gepflanzt. Auch sie wurde als Arzneimittel genutzt (belegt seit 200 v. Chr.), vor allem als blutstillendes Mittel. Ihre Heimat ist Ostsibirien, Nordchina und Korea. Etwa im 1. Jahrhundert n. Chr. wurde auch noch eine weitere Päonienart, nämlich *Paeonia suffruticosa*, die Strauchpäonie, aus der Wildnis der Bambusgebüsche, Wiesen und Wälder Nordwestchinas und Tibets in die Gärten der Chinesen verpflanzt, die diese Art begeistert aufnahmen. Sie nannten sie *Mudan* - »ein Gemälde in Rot und Grün«.

Im Mittelalter wurde die Echte Pfingstrose über die Alpen gebracht und in den Gärten sowohl als Heilpflanze als auch als Zierpflanze geschätzt. Die Blüten waren einfach und wurden als Samen weitergereicht.

Im 8. Jahrhundert waren die Päonien auch in japanischen Gärten angekommen. In China dagegen stürzte sich zwischen den Jahren 600 und 900 jeder, der es sich leisten konnte, auf beide Päonien-Arten - es

Nächste Doppelseite:
Links | Die Pfingstrosen gehören zur Familie der Pfingstrosengewächse (Paeoniaceae), die nur diese eine Gattung enthält und eng verwandt mit den Hahnenfußgewächsen ist.
Rechts | Einmal am richtigen Platz gepflanzt, können Pfingstrosenpflanzen 50, ja sogar 100 Jahre alt werden.

muss ein Boom vergleichbar dem um die Tulpen gewesen sein. Es gibt
Berichte von »Blumen-Meistern«, die über 1000 Pfingstrosen-Sorten
züchteten. Die Pfingstrose ist die Lieblingsblume der Chinesen, die
Reichtum, ein in der Liebe erfülltes Frauenleben und Buddhas Sanft-
mut symbolisiert – und das hört sich in der christlichen Symbolik fast
gleichlautend an, steht die Pfingstrose doch für Heil, Heilung, Reichtum, weibliche Schönheit und die Gottesmutter Maria.

Im Laufe der Jahrhunderte rollte langsam auch in Europa die
Züchtungsmaschinerie für *Paeonia officinalis* an: So gab es Ende des
16. Jahrhunderts auch in mitteleuropäischen Gärten verschiedene
Sorten mit unterschiedlichen Farben. Auch Carolus Clusius, der
Zwiebelsammler, beschreibt mehrere von ihnen, deren Samen er aus
Konstantinopel erhalten hatte. Vielleicht ist das berühmte Gedicht
von Joseph von Eichendorff »Der alte Garten« ja auch ihm gewidmet.
Darin heißt es: *Kaiserkron und Paeonien rot, die müssen verzaubert sein …* –
Doch noch immer wuchsen die verschiedenen Päonien-Arten in
getrennten Reichen.

Es dauerte bis zum Beginn des 19. Jahrhunderts, bis in Europa die
ersten Chinesischen Pfingstrosen blühten – es musste quasi in
London sein, da dort mit den Botanischen Gärten und der Royal
Horticultural Society die mächtigsten und potentesten Akteure
des »Pflanzensammler-Business« versammelt waren. Im Falle der
Pfingstrosen gelang es dem Direktor des Königlichen Gartens Kew
im Südwesten Londons, Joseph Banks (1744–1820), die ersten Samen
kultivierter Pfingstrosen *(Paeonia lactiflora)* zu ergattern (Samen von
Wildformen waren ihm bereits 20 Jahre zuvor angeboten worden). Er
gehörte ebenfalls jener Gruppe von Männern an, die große Reisen auf
sich nahmen, um Pflanzen in den entlegensten Gebieten der Erde zu
sammeln, und hatte seinen Ruf als einer der Großen begründet, als
er von der ersten Südseeexpedition des James Cook (1728–1779) den
Eukalyptus, die Akazie und die Mimose mitgebracht hatte.

Nun wuchsen also seit etwa 1805 gefüllte Chinesische Pfingstrosen in
Mitteleuropa. Während die Echte Pfingstrose zu dieser Zeit von Garten
zu Garten im ländlichen Raum weitergegeben wurde und sich wegen
ihrer Robustheit und Langlebigkeit zu einer typischen Bauerngarten-
pflanze entwickelte, begann auch in Europa – sozusagen mit 1000 Jahren Verspätung, wenn man an die chinesische Gartenkunst denkt –
die Züchtung der ostasiatischen Schwestern. Aus der großen Zahl der
daran beteiligten Gärtner ist besonders Victor Lemoine (1823–1911)
aus Nancy zu nennen, dessen Pfingstrosen-Sorten auch heute noch

Der einzige Nachteil der
Päonien ist ihre kurze
Blütezeit – doch entschä-
digen die prachtvollen
rosenähnlichen Blüten,
die zudem duften, dafür.

erhältlich sind. Lemoine befasste sich über die Päonie hinaus mit der Züchtung einer Vielzahl weiterer Pflanzen, deren Liste fast wie das Inhaltsverzeichnis dieses Buches lautet: Begonien, Flieder, Fuchsien, Prachtspieren, Geranien, Rittersporn, Dahlien, Phlox ...

Es fehlten nun in europäischen Gärten noch die Strauchpäonien – und da begegnen uns zwei Pflanzensammler, die in anderem Zusammenhang bereits erwähnt wurden (Chrysanthemen) oder noch werden (Tränendes Herz, Hortensie): Robert Fortune und Philipp Franz von Siebold führten in den 30er- und 40er-Jahren des 19. Jahrhunderts zahlreiche Sorten aus China bzw. Japan ein. Im Laufe der Zeit fanden auch diese ungewöhnlichen Pfingstrosen Eingang in die Gärten der Bürger, allerdings sind sie nur bedingt winterhart. Ein echtes Treffen der West- und Ost-Pfingstrosen fand dann aber auch abseits der Beete in den Gärtnereien statt, die nun auch *Paeonia officinalis*, *Paeonia lactiflora* und *Paeonia suffruticosa* untereinander (sowie mit anderen Arten) kreuzten und so eine schier unüberschaubare Zahl von Sorten produzierten. Allerdings werden auch heute noch zwar kleinblütigere, aber dennoch auch farblich sehr attraktive Arten aus Ost oder/und West angeboten.

PFLEGETIPPS Der beste Pflanzzeitpunkt für die Pfingstrosen ist der frühe Herbst, so dass die Pflanzen vor dem Winter noch gut wurzeln können. So anspruchslos sie sind, wenn sie einen guten Platz haben, so sorgfältig muss dieser allerdings ausgewählt sein: Päonien brauchen viel Sonne und müssen sich in einem tiefgründigen Boden mit gutem Wasserablauf entfalten können – der Pflanzabstand sollte nicht unter einem halben Meter betragen; in kleinen Gärten sehen auch einzelne Exemplare reizvoll aus. Gepflanzt werden darf nicht zu tief; die Strauchpäonien, die heutzutage in den meisten Fällen auf die Staudenpäonien aufgepfropft sind, sollten so tief gepflanzt werden, dass auch das Holz der Strauchpäonie in den Boden gelangt, um das Ausbilden eigener Wurzeln zu ermöglichen. Bei den Staudenpäonien, also sowohl bei *Paeonia officinalis,* als auch bei *Paeonia lactiflora,* sterben die oberirdischen Pflanzenteile im Winter ab, wobei es sich empfiehlt, das welkende Laub im Herbst abzuschneiden, um Pilzkrankheiten vorzubeugen. Nur in den ersten Jahren ist ein Winterschutz notwendig. Für die Strauchpäonien, die ja gegenüber Frost viel empfindlicher sind, sollte ein geschützter Platz, z.B. vor einer Mauer, ausgewählt werden.

DER SINN DES LEBENS IN GRÜN – FERNÖSTLICHE GÄRTEN

Für die Chinesen und Japaner, die im 6. Jahrhundert die chinesische Gartenkunst übernahmen, ist ein Garten viel mehr als eine gelungene Anpflanzung von Blumen im Staudenbeet – es geht um nichts Geringeres, als die Harmonie von Himmel, Erde und Wasser mit dem eigenen Leben in Einklang zu bringen. Blumen spielen in einer Gartenanlage, die diesen fernöstlichen Grundsätzen folgt, eher eine untergeordnete Rolle – wenn, dann sind sie Beiwerk einer Architektur aus Steinen, Wegen, Gebäuden, Bächen, Teichen und Brücken. Die Zahl der Pflanzen, die in Betracht kommen, ist sehr reduziert: In Frage kommen Trauerweide, Kiefer, Kirsche, Pfirsich, Pflaume, Bambus, Chrysantheme und Pfingstrose, die jede für sich oder auch in Kombination eine bestimmte Symbolik vermitteln. Dabei sind die Gärtner nicht zufrieden, wenn ein Garten nur technisch richtig, das heißt nach den Vorschriften des »Feng Shui«, und logisch angelegt ist, vielmehr muss er sich darüber hinaus der Umgebung anpassen und zusätzlich die persönliche Note des Eigentümers vermitteln, in dessen Seele sich der Garten spiegelt – und umgekehrt. Nach unserem westlichen Verständnis besticht eine gelungene Gartenanlage durch Form und Farbe sowie Kontrast. Von diesen drei Komponenten fehlt dem fernöstlichen Garten am ehesten die Farbe, doch mag die Kombination von asiatischer Gestaltungskunst und europäischem Farbverständnis ein Mehr an Gartenfreude bedeuten.

Gärtnern mit Herz – Tränendes Herz *(Dicentra)*

Dicentra, das Tränende Herz, wird in diesen Tagen von einer Staudengärtnerei angeboten als *die altbekannte dankbare Staude aus Omas Bauerngarten* – tatsächlich haftet dieser Pflanze ein Stück »gute alte Zeit« an, in der sie – etwa seit 1850 – die beliebteste und meistverkaufte Staudenpflanze war. Das liegt sicherlich an ihrem im Pflanzenreich einzigartigen Aufbau der hängenden Blüten (*dicentros* bedeutet auf Griechisch »zweispornig«) und dem filigranen Gesamteindruck der Rispen oder Trauben. Die zur Familie der Mohnblumengewächse (*Papaveraceae*) gehörende Pflanze wächst insbesondere in Japan als zierliches Kraut (japanisch *Koma-kusa)* wild in den Bergregionen. Es erging ihr ähnlich wie der Chrysantheme: Sie wurde an verschiedenen Plätzen im Norden Europas während des 18. Jahrhunderts gesehen und beschrieben, so dass sie durch Carl von Linné systematisch erfasst werden konnte (er nannte sie *Fumaria* – »Erdrauch«), aber auch sie wurde erst

durch Robert Fortune (siehe unter Chrysantheme) dauerhaft für die europäischen Gärten rekrutiert.

Fortune entdeckte die Pflanze auf seiner ersten Asienreise 1843 bis 1846 im Garten eines chinesischen Mandarins. Zusammen mit den vielen anderen gesammelten Pflanzen verpackte er sie in Ward'sche Kisten - transportable Gewächshäuser, die von Nathanial Bagshaw Ward (1791-1868) erfunden worden waren und sich seit 1835 als funktionstüchtig erwiesen - und führte sie nach England ein. Damit war Fortune der erste Pflanzenjäger, der die Ward'schen Kisten nutzte, und diese garantierten auch seinen unglaublichen Erfolg, denn der gefährliche und zudem monatelang dauernde Transport von Pflanzen aus Ostasien um die Südspitze Afrikas herum hatte zuvor das mühsam gesammelte Pflanzenmaterial in den allermeisten Fällen vernichtet (man sagte, dass auf eine eingeführte Pflanze 1000 verlorene Pflanzen kamen).

1846 packten nun die Gärtner in London die auffälligen Pflanzen, die als *Dicentra spectabilis* bezeichnet wurden, aus - sie wurden zu den Stammeltern aller in Europa wachsenden Exemplare. Das Tränende Herz nahm die Gärten, besonders in Deutschland, mit einer unglaublichen Geschwindigkeit in Beschlag, als hätten die Gärtner geradezu auf diese Pflanze gewartet. Sie erschien ihnen auch derart perfekt, dass sie im Gegensatz zu den meisten anderen Gartenpflanzen keiner Veränderung durch Zuchtarbeit unterzogen wurde (eine Ausnahme bildet die weiße Sorte *Dicentra spectabilis »alba«).* Gärtner und Gartenliebhaber belegten die beliebte Staude seitdem mit einer langen Liste an volkstümlichen Namen: Blutendes Herz, Flammendes Herz, Gebrochenes Herz, Herzblume, Mutterherz, Jungfernherz, Marienherz …

PFLEGETIPPS Es ist gar nicht so einfach, den richtigen Platz im Garten für das Tränende Herz zu finden: Er darf nämlich nicht zu sonnig sein, sondern eher halbschattig, und der Boden muss von guter Qualität sowie humusreich und gut regendurchlässig sein. Das Tränende Herz blüht als eine der ersten Stauden ab Mitte Mai, zieht allerdings auch bereits im Sommer die oberirdischen Sprossteile ein. Deswegen bietet es sich an, sie z.B. in Kombination mit Funkien (*Hosta,* ebenfalls aus Japan) zu pflanzen, so dass diese die kahle Stelle während des restlichen Gartenjahres einnehmen können – vor dunklen Gehölzen kommt das Tränende Herz am besten zur Geltung. Und was sie zu einem echten »Schatz« macht: Sie kann bis zu 50 Jahre alt werden.

In Dänemark heißt Dicentra »Leutnantsherz«, weil je nach Entwicklungsstadium eine »Champagnerflasche« oder eine »Tänzerin« in der Blüte zu finden ist.

Garten-Zauber – Hortensie *(Hydrangea)*

Aus Blau mach Pink und Pink wird Blau – so könnte der Zauberspruch lauten, den man anwenden muss, um einer Hydrangea, einer Hortensie, ein ganz anderes Erscheinungsbild zu geben. Aber längst ist dieser Vorgang entzaubert: 1830 hatte ein englischer Gärtner bereits die Idee, dass dieser Farbumschlag mit dem Dünger zu tun haben müsse, und schlug den Einsatz von sandigem Lehm und Schafsmist vor – heute weiß man, dass der Boden mit Aluminiumsalzen (Alaun) gedüngt werden und zusätzlich sauer sein muss, damit die Blüten blau werden. Man kann dazu der Erde Schwarztorf oder ungekalkten Rinden-humus beigeben. Chemisch betrachtet nehmen die Hortensien das Aluminium auf, das mit einem Pflanzenfarbstoff eine blaue Verbindung eingeht. Möchte man wieder pinkfarbene Blüten erhalten, muss man durch eine Alkalisierung des Bodens (Einsatz von kohlensaurem Kalk) die Aufnahme des Aluminiums verhindern.

Zur Erklärung des Namens »Hortensie« gibt es unzählige Geschichten – sicher ist nur, dass der französische Botaniker Commerson sie 1773 als erster »Hortensia« nannte.

… Doch plötzlich scheint das Blau sich zu verneuen
in einer von den Dolden, und man sieht
ein rührend Blaues sich vor Grünem freuen.

AUS: »BLAUE HORTENSIE« VON RAINER MARIA RILKE (1875–1926)

Hydrangea macrophylla, die Gartenhortensie aus der Familie der Hortensiengewächse *(Hydrangeaceae)*, ist seit Jahrzehnten eine der weltweit beliebtesten Garten- und Topfpflanzen; bereits seit vielen Jahrhunderten wird sie in Japan als Gartenpflanze kultiviert. Kultivieren heißt oft auch züchten – und so stellten die Pflanzen, die europäische Botaniker in Japan »entdeckten«, bereits Kreuzungen zwischen verschiedenen Hydrangea-Arten dar. Die Liste der Entdecker liest sich wie das »Who is who« der erfolgreichsten Erforscher der japanischen Botanik: Da ist zunächst Engelbert Kaempfer (1651–1716) aus Lemgo, der unter dem Titel »Exotische Schönheiten« eine erste umfangreiche Beschreibung der japanischen (Pflanzen-)Welt ablieferte. Zweiter auf der Liste ist Carl Peter Thunberg (1743–1828) aus Jönköping/Schweden, Schüler Linnés, der spezifisch botanisch arbeitete und die Pflanzen Japans als »Schätze« vorstellte. Der dritte im Bunde ist Philipp Franz von Siebold (1796–1866). Er ist sicherlich derjenige, der die europäischen Gärten am meisten dadurch beeinflusste, dass er unzählige Pflanzen (darunter neben Hortensien, Hamamelis, Funkien und Blauregen) mitbrachte und damit die Gartenlandschaft entscheidend veränderte.

Nun kann man sich fragen, wie dies geschehen konnte, wo Japan doch derart strikt von der Außenwelt abgeriegelt war. Die Japaner hatten vor Nagasaki die künstliche Insel Deshima errichtet, auf der sie alle Ausländer ansiedelten und auch der Niederländischen Ostindischen-Kompanie (NOC) einen Handelsplatz zuwiesen. Alle drei Japanforscher hatten als Ärzte bei der NOC angeheuert und waren in deren Auftrag nach Deshima gelangt. Es war unter Todesstrafe verboten, ins Landesinnere zu reisen und zu »spionieren«, aber natürlich kamen die Naturforscher in Berührung mit Japanern, insbesondere, wenn sie einmal im Jahr eine Dankesreise zum Shogun nach Edo (heute Tokio) antreten durften.

Von Siebold nutzte diese Zeit mehr als jeder andere, um jede verfügbare Information und jede verfügbare Pflanze zusammenzutragen, was ihm umso leichter gemacht wurde, als er den Ruf eines ganz ausgezeichneten Arztes genoss und deswegen auch außerhalb von Deshima japanische Bürger behandeln und Ärzte beraten durfte. Allerdings hatte er die Geduld der Behörden überbeansprucht, denn als diese umfangreiches Kartenmaterial bei ihm fanden, führte dies dazu, dass viele seiner japanischen Freunde umgebracht oder inhaftiert wurden – er selbst musste das Land verlassen, seine japanische Lebensgefährtin Taki und seine Tochter Ine musste er zurücklassen.

Die niederländische Regierung garantierte von Siebold bei seiner Rückkehr nach Europa alle erdenkliche Unterstützung – er ließ sich in Leiden nieder, wo er seine Aufzeichnungen auswertete, mehrere Werke herausgab und eine große Gärtnerei aufzog, so dass er ganz Europa mit Pflanzen aus Japan beliefern konnte. 1859 bis 1862 konnte er Japan ein zweites Mal bereisen, und von dieser Reise brachte er eine weitere Hortensie mit, die er als *Hydrangea macrophylla f. otaksa* benannte – nach seiner japanischen Lebensgefährtin. Zwar hatten eine ganz Reihe von Reisenden bereits Hortensien nach Europa eingeführt (vor allem nach London in die Kew Gardens), und die korrekte botanische Benennung war bereits erfolgt, doch gilt von Siebold sozusagen als »Vater« der Hortensien in Europa. Die Zahl der Arten und Sorten dieser strauchartigen Pflanze mit den auffallenden Blüten und dem komplizierten Blütenaufbau, bestehend aus den sterilen Blüten mit vier Kelchblättern und den inneren, kaum sichtbaren, fruchtbaren, kelchförmigen Blüten, nahm seitdem immens zu – heute stehen über 800 verschiedene Hortensien mit unzähligen Blütenformen und -farben zur Verfügung. Bei den weiß blühenden funktioniert der Zauber des Farbwechsels allerdings nicht.

Die Hortensien wachsen in Japan und Korea wild als Gehölz im Halbschatten in Küstennähe, vorzugsweise an Flussufern.

Nächste Doppelseite: Links | In der Bretagne und auf den Azoren gibt es wegen des feuchten Klimas riesige Hortensienhecken, die vergessen lassen, dass die Pflanzen von weither eingeführt wurden. Rechts | In seiner »Flora Japonica«, die zwischen 1835 und 1870 entstand, stellte Siebold die nach seiner Frau benannte Hydrangea Otaksa vor.

Tab. 52.

HYDRANGEA Otaksa.

PFLEGETIPPS Bei den Gartenhortensien blühen die im vor-
herigen Jahr angesetzten Triebe – sie dürfen daher im Herbst nicht
zurückgeschnitten werden. Andere Hortensien-Arten können
allerdings auch am diesjährigen Trieb blühen, so dass man die
Pflegeanleitung genau studieren muss. Im Allgemeinen sind die
Hortensien winterhart, strenger Frost kann aber auch zum Ein-
gehen der Pflanzen führen, so dass sich bei Kübelpflanzen der Umzug in ein helles, kühles Winterquartier lohnt. Hortensien benötigen
viel Wasser (*hydor* ist griechisch für »Wasser« und *angeion* für
»Gefäß«), und man sieht es ihnen sofort an, wenn sie im Sommer
zu wenig gegossen werden.

Wie Federn im Wind – Prachtspiere *(Astilbe)* Die Astilbe,
im Deutschen als Prachtspiere bezeichnet, erzählt nicht die Geschichte eines Naturforschers, sondern die des Pflanzenzüchters
Georg Adalbert Arends (1863-1952), der sich um ihre Einführung in
mitteleuropäische Gärten verdient machte. Bereits in eine Gärtner-
familie hineingeboren, wurde die Arbeit im Garten zu seiner Lebens-
aufgabe: Nach Wanderjahren durch ganz Europa machte er sich in
Ronsdorf bei Wuppertal selbstständig und spezialisierte sich auf die
Staudenzucht. Bereits aus der elterlichen Gärtnerei war ihm die weiß
blühende, allerdings etwas unscheinbare *Astilbe japonica* (griechisch
a für »ohne« und *stilbe* für »Glanz«) bekannt. Diese war um 1830 aus
Japan in Europa eingetroffen und war die erste Prachtspieren-Art,
die ihren Weg in die führenden Botanischen Gärten und Gärtnereien Europas gefunden hatte. Weitere Arten aus Ostasien, wo sie
weit verbreitet an feuchten Berghängen oder Flussufern wachsen,
folgten. Eine besondere Vermittlerrolle scheint dabei das englische
Unternehmen Veitch & Sons gespielt zu haben, das durch Handel und
eigene »Pflanzenjäger« am Ende des 19. Jahrhunderts zur größten
Gartenbaufirma Europas geworden war.
Gut möglich, dass Georg Arends aus dieser Quelle 1899 eine
weitere rosa blühende Astilbe geliefert bekam - jedenfalls erkannte Arends das große Potenzial dieser Pflanzen, begann mit
Kreuzungsversuchen (insgesamt mit vier Astilben-Arten), und
nach einem langwierigen Ausleseverfahren konnte er 1908 die
erste *Astilbe x arendsii* präsentieren (das »x« steht für Hybride, das
heißt, dass die Pflanzen keine fruchtbaren Nachkommen produzieren). Großen Erfolg hatte er 1930 mit einer leuchtend dunkelroten
Sorte. Es folgten über 50 weitere »Neuschöpfungen« unter seiner

Leitung – rote, hellviolette, rosafarbene in jeder Schattierung und
auch ganz weiße mit unterschiedlichen Wuchshöhen.

Zu klären bliebe noch die Herkunft des deutschen Namens Prachtspiere: Die Botaniker waren ursprünglich davon ausgegangen, dass
die Pflanzen mit den auch in unseren Breiten sowie auf der gesamten Nordhalbkugel verbreiteten Spiersträuchern *(Spiraea)* verwandt
seien. Es stellte sich jedoch heraus, dass es sich um eine ganz andere
Gattung aus einer ganz anderen Familie (Steinbrechgewächse) mit
etwa 20 Arten handelt.

Mit den Prachtspieren wurde Arends jedenfalls in der ganzen Welt
berühmt; ihnen galt sein besonderes Interesse, auch wenn er viele
weitere Stauden anpflanzte und züchtete: *Der tägliche Gang zu den
Astilben war die Abenderholung für meine Frau und mich*, schrieb er. Und
tatsächlich leuchten die Pflanzen mit ihren federartigen Rispen,
bestehend aus vielen kleinen Blüten, besonders in den Abendstun-
den über einem attraktiven gefiederten Blattwerk. Ob ihrer Fähigkeit,
einen Beitrag zur Gartengestaltung zu leisten, wurden sie zu einer
der fünf beliebtesten Gartenstauden in Europa und Nordamerika.

Die Blütenstände der
Astilbe sehen auch ver-
blüht im Herbst und
Winter sehr dekorativ aus.

PFLEGETIPPS Berücksichtigt man die Herkunft der Astilben aus
den feuchten ostasiatischen Bergwäldern, so ist leicht zu verste-
hen, dass sie gerne feucht stehen, wie z.B. in Mittelgebirgslagen,
und dann auch gerne einen Platz in der Sonne einnehmen. An-
dernfalls sucht man besser einen Platz im Halbschatten und gießt
in trockenen Sommern reichlich. Die Pflanzzeit der winterharten
Pflanze ist das Frühjahr oder der Herbst. Sie brauchen ein paar
Jahre, bis sie sich an ihrem Platz akklimatisiert haben, machen dann
aber jahrelang Freude. Gegebenenfalls müssen die Pflanzen geteilt
werden, wenn sie anfangen, in der Mitte zu verkahlen.

Ausklang

Die Antwort auf die Frage in Johann Wolfgang von Goethes Gartengedicht: *Was hat ein Gärtner zu reisen?, nämlich: Ehre bringt's ihm und Glück, wenn er sein Gärtchen versorgt,* haben die 24 Beispiele in diesem Buch nachvollziehbar gemacht. Mit den vorgestellten Blumen lassen sich die Beete des heimischen Gartens füllen: im Frühling mit den Zwiebelpflanzen und dem Tränenden Herz, im Frühsommerbeet mit den Pfingstrosen, mit der großen Zahl der Sommerblumen wie Yucca, Petunie, Begonie und Lobelie, zu denen sich ab dem Spätsommer die Sonnenblumen und die Präriepflanzen gesellen, und bis spät in den Herbst hinein mit Dahlien und Chrysanthemen. Jede einzelne Pflanze besticht durch ihre Farbigkeit; es bedarf allerdings einer gewissen gärtnerischen Fertigkeit, durch die Zusammenstellung von Pflanzengruppen eine Farbharmonie zu erzielen – und das möglichst durch das gesamte Gartenjahr.

Mit den Gartenratgebern zu diesem Thema lassen sich Bücher-
regale füllen. Die Engländer dominieren auch dieses Terrain, wie
sie überhaupt den größten Beitrag zur Ausgestaltung des modernen
mitteleuropäischen Privatgartens geleistet haben – und das nicht
nur durch die Einfuhr vieler Gartenpflanzen oder die Entwicklung
des modernen Bauerngartens, des *cottage garden*. Reine Blumenbeete
hatte es zwar bereits in den Gärten der Renaissance und des Barock
gegeben, doch erst ab dem 19. Jahrhundert wurde es zunehmend mo-
derner, in der Nähe des Hauses (in den meisten Privatgärten herrscht
und herrschte Platzmangel) reine Blumenbeete anzulegen, die dann
zu den *borders*, den Staudenrabatten, wurden. Der Begriff »Rabatte«
stammt im Übrigen von einem niederländischen Fachwort ab und
bedeutet »schmales Beet entlang einer Erdaufschüttung«, wogegen
das »Beet« vom »Bett« abstammt – so heißen Blumenbeete im Englischen auch *beds of flowers*.

Hier ein paar Ratschläge zur Bepflanzung des eigenen Gartens:
- Weniger ist mehr – wenn man sich noch nicht sicher ist, sollte
  man lieber mit wenigen Farben und Arten anfangen und das Grün
  des Rasens und der Blätter miteinbeziehen.
- Gelb und Orange bieten sich am ehesten an für eine mehr oder
  weniger einfarbige Gestaltung, da man in diesem Farbspektrum
  unter den meisten Pflanzen auswählen kann; blaue Blumen wirken zwar edel, doch eher distanziert, wogegen rote Farben in den
  Vordergrund treten; Orange und Rot sind die klassischen Farben
  der Herbstrabatte.
- Je breiter ein Beet angelegt werden kann, umso besser; ein klas-
  sisches Maß beträgt etwa zwei Meter, um eine Abstufung nach
  der Höhe vornehmen zu können.
- Es ist günstig, im Hintergrund des Beetes eine Mauer oder Hecke
  als optische Begrenzung zu haben.
- Die Pflanzung ist natürlich abhängig von der Bodenbeschaffenheit und der Sonneneinstrahlung, doch wenn man wählen kann,
  ist eine sonnige Lage immer vorzuziehen.
- Die Pflege einer klassischen Rabatte erfordert einen gewissen
  Aufwand während der Vegetationszeit.

Gerade der letzte Punkt bereitet vielen Gartenbesitzern doch er-
hebliche Schwierigkeiten, so dass in den letzten Jahren die Ten-
denz zu beobachten ist, eher weniger Pflanzen zu verwenden. Die

unbeschwerte Farbigkeit ist aus vielen Gärten verschwunden. Das liegt aber auch daran, dass heute sowohl die englischen Landschaftsgärten des 18. und 19. Jahrhunderts als auch ostasiatische Gärten, bei denen die Verwendung von blühenden Pflanzen hinter die Struktur zurücktritt, Gartenarchitekten als Vorlagen dienen. Möglicherweise wird in Zukunft noch ein weiterer Faktor die Blumenbeete verändern: der Klimawandel. So können beispielsweise Tulpenzwiebeln eine vermehrte Nässe während des Sommers nicht vertragen, andere Pflanzen wie der Phlox haben dagegen Probleme, größere Trockenperioden zu überstehen. Doch von den 36 Millionen Gartenbesitzern in Deutschland – das entspricht 58 Prozent der Bevölkerung, während in England nur etwa die Hälfte der Bevölkerung einen eigenen Garten besitzt – geben 60 Prozent bei Umfragen an, dass sie Freude an Pflanzen haben, 57 Prozent lieben die Farben und Düfte, und die Hälfte schätzt die Kreativität bei der Gartengestaltung.

Vergessen werden sollen aber auch nicht die vielen Millionen Terrassen- oder Balkonbesitzer – denn seit im Zuge der Industrialisierung immer mehr Menschen in Wohnungen leben, wird der »Sommer vor dem Balkon« zum Ersatz für einen Garten:

Stuben an Stuben, langhin aneinander gestaut
Stockwerk auf Stockwerk getürmt, Wolken und Sterne verbaut, …
Aus Wein und aus Efeu geflochten Wände in Grün,
irdene Töpfe, darin Geranien und Fuchsien blühen.

AUS: »BALKONE IN DER VORSTADT« VON ERNST LISSAUER (1882–1937)

Fuchsien und Geranien, aber auch Petunien, Lobelien oder Begonien sind seit 100 Jahren die »Lichter der Vorstadt«, um im Bild zu bleiben – interessanterweise ist die Balkonbepflanzung viel weniger der Mode unterworfen als die der Gartenbeete. Noch viel älter ist die Haltung von Pflanzen in Kübeln, die im antiken Griechenland und Rom bereits beschrieben wurde und in den Gärten der Renaissance und des Barock zu einem wesentlichen gestalterischen Mittel avancierte. Waren es zu dieser Zeit noch Zitruspflanzen, so wurden ab dem 19. Jahrhundert auch mehr und mehr exotische Gewächse in Kübel gepflanzt.

In welcher Form auch immer, ob im Balkonkasten, im Kübel auf der Terrasse oder im Blumenbeet, *die Blumen erweisen sich als größere Pioniere eines neuen Verhältnisses zwischen Welt und Seele, als wir ahnen* (nach Karl Förster) – und das gilt für die »Vertrauten Exoten« im Besonderen.

GLOSSAR

ART (SPEZIES) – die unterste Kategorie des Pflanzensystems, umfasst alle Lebewesen, die unter natürlichen Bedingungen fruchtbare Nachkommen erzeugen; so sind *Paeonia officinalis* und *Paeonia suffruticosa* zwei Arten einer Gattung. Die Verwendung von Gattungs- und Artnamen (binäre Nomenklatur) zur Bezeichnung einer Pflanze hatte Carl von Linné in »Species plantarum« erstmals 1753 vorgestellt.

EINJÄHRIGE PFLANZEN – Pflanzen, die unter mitteleuropäischen Bedingungen in einem Jahr keimen, blühen, Samen hervorbringen und danach absterben wie z.B. die Sonnenblume.

FAMILIE – die Kategorie im Pflanzensystem, welche die Gattungen, also Pflanzen mit sehr ähnlichen Merkmalen, zusammenfasst; z.B. gehören zur Familie der *Asteraceae* (Korbblütler) die Gattungen *Chrysanthemum* und *Dahlia*.

GATTUNG – innerhalb des Pflanzensystems die Kategorie zwischen Familie und Art; so sind *Geranium* und *Pelargonium* zwei Gattungen in der Familie der *Geraniaceae* (Storchschnabelgewächse).

HYBRIDE – die Produkte der Kreuzung von Arten, welche nach den Gesetzen der Vererbung die Merkmale beider Eltern tragen und nicht unbedingt fruchtbar sein müssen. In den Gärten sind fast nur Hybriden zu finden.

KREUZUNG – das Hauptinstrument der Pflanzenzüchter, erzeugt Hybriden.

KULTIVIERUNG – die Schaffung von Bedingungen, die ein optimales Wachstum von Pflanzen garantieren, häufig synonym für »Anpflanzung« verwendet.

SORTE – ein Begriff aus der Pflanzenzüchtung, mit dem die stabile Variante einer Pflanzenart bezeichnet wird.

STAUDE – ausdauernde Pflanzen, die in mitteleuropäischen Breiten am Ende der Wachstumsperiode bis zum Boden hin abfrieren und mithilfe unterirdischer Speicherorgane überwintern, z.B. *Phlox, Echinacea, Rudbeckia* oder *Paeonia*.

SYSTEM DER PFLANZEN – die Einteilung der Pflanzenwelt, erstmals durch Carl von Linné (Species plantarum 1753, Systema naturae, 8. Auflage 1758) vorgenommen, nach der die Pflanzen in Abteilungen, Klassen, Ordnungen, Familien, Gattungen und Arten eingeteilt werden.

WINTERHÄRTE – die Eigenschaft einer Pflanze, unter mitteleuropäischen Bedingungen den Winter im Freien mit einer Wahrscheinlichkeit von 80 Prozent zu überstehen; Deutschland ist eingeteilt in verschiedene Winterhärtezonen (die Skala reicht von 1–11); es gibt kalte Gebiete wie an den Alpen mit 5b und wärmere wie am Rhein oder Main mit 8a.

ZWEIJÄHRIGE PFLANZEN – sind Pflanzen, die unter mitteleuropäischen Bedingungen während der ersten Vegetationsperiode keimen, wurzeln und das Blattwerk ausbilden und erst in der zweiten Wachstumsperiode blühen und Samen bilden, z.B. *Rudbeckia hirta*.

ZWIEBELPFLANZE – Pflanzen mit Zwiebeln als unterirdischen Überdauerungsorganen wie *Tulipa* oder *Fritillaria*, häufig aber auch verwendet für alle Pflanzen mit unterirdischen Speicherorganen wie z.B. *Dahlia*.

LITERATURTIPPS

ALBERT, JOST; LAAR, ALEXANDER; EHBERGER, GABRIELE: Hortus Eystettensis – ein vergessener Garten? Begleitheft zur Ausstellung anlässlich der Eröffnung des Bastionsgartens auf der Willibaldsburg in Eichstätt 1998. Bayerische Schlösserverwaltung: München 2005. | BEUCHERT, MARIANNE: Die Gärten Chinas. Eugen Diederichs Verlag: München 1988. | BEUCHERT, MARIANNE: Sträuße aus meinem Garten. Verlag Eugen Ulmer: Stuttgart 1991. | BOEUF, THOMAS: Yucca & Co. Winterharte Wüstengärten in Mitteleuropa anlegen und pflegen. Medemia Verlag: Berlin 2007. | BRICKELL, CHRISTOPHER (HRSG.): The Royal Horticultural Society – Die große Pflanzenenzyklopädie (2 Bände). Dorling & Kindersley Verlag: Starnberg 2004. | BROWN, KATHY: Zwiebelbibel. Tulpe, Dahlie, Lilie & Co. Georg Callwey Verlag: München 2008. | BÜRGER, ALFONS: Kleine Geschichte der Gartenkunst. Verlag Eugen Ulmer: Stuttgart 2004. | DON, MONTY: Around the World in 80 Gardens. Weidenfeld & Nicholson Publishing: London 2008. | FELTWELL, JOHN: Geranien und Pelargonien. Augustus Verlag: München 2002. | FINKEN, KRIEMHILD; FINKEN, ALOYS: Vom Zauber alter Bauerngärten. Jan Thorbecke Verlag: Ostfildern 2008. | FÖRSTER, EVA; ROSTIN, GERHARD (HRSG.): Ein Garten der Erinnerung. Leben und Wirken von Karl Förster – dem großen Garten-Poeten und Staudenzüchter. L&H Verlag: Hamburg 2001. | GOERKE, HEINZ: Carl von Linné. Arzt – Naturforscher – Systematiker. Wissenschaftliche Verlagsgesellschaft: Stuttgart 1989. | GRIMSHAW, JOHN: The Gardener's Atlas. The Origins, Discovery, and Cultivation of the World's most Popular Garden Plants. Firefly Books: Willowdale, Ontario 2002. | HIELSCHER, KEJ; HÜCKING, RENATE: Pflanzenjäger. In fernen Welten auf der Suche nach dem Paradies. Piper Verlag: München und Zürich 2003. | HOBHOUSE, PENELOPE: Der Garten. Eine Kulturgeschichte. Dorling & Kindersley Verlag: Starnberg 2003. | HOFMANN, ROLF; MEYER, BEREND: Dahlien-Atlas. Edition Ellert & Richter: Hamburg 2002. | JAARSVELD, ERNST J.; DE VILLIERS PIENAAR, UYS; EGGLI, URS: Aizoaceae. Die Mittagsblume Südafrikas. Verlag Eugen Ulmer: Stuttgart 2004. | KRAUSCH, HEINZ-DIETER: »Kaiserkron und Päonien rot ...«. Von der Entdeckung und Einführung unserer Gartenblumen. Deutscher Taschenbuch Verlag: München 2007. | LACK, H. WALTER: Aus dem Land der blauen Hortensie. Japanische Pflanzen in Europa. Botanisches Museum: Berlin-Dahlem 2006. |

LEPENIES, WOLF: Das Ende der Naturgeschichte. Wandel kultureller Selbstverständlichkeiten in den Wissenschaften des 18. und 19. Jahrhunderts. Suhrkamp Taschenbuchverlag: Frankfurt 1978. | MALLET, CORINNE: Hortensien. Auswählen – pflanzen – pflegen. Verlag Eugen Ulmer: Stuttgart 2004. | MANTHEY, GERDA: Fuchsien auf Balkon und Terrasse. Verlag Eugen Ulmer: Stuttgart 2002. | MINKER, MARGARET: Die Kraft der Heilpflanzen. Echinacea. Deutscher Taschenbuchverlag: München 1998. | MÜLLER-WILLE, STAFFAN: Botanik und weltweiter Handel. Zur Begründung eines Natürlichen Systems der Pflanzen durch Carl von Linné (1707-78). Verlag für Wissenschaft und Bildung: Berlin 1999. | PAVORD, ANNA: The Naming of Names. The Search for Order in the World of Plants. Bloomsbury Publishing: London 2005. | PROSPECIERARA (HRSG.): Blütenzeit – Historische Zierpflanzen und ihre abenteuerlichen Geschichten. Christoph Merian Verlag: Basel 2008. | RÄTSCH, CHRISTIAN: Indianische Heilkräuter. Tradition und Anwendung. Eugen Diederichs Verlag: München 1991. | RIST, JOHANN(ES): Die alleredelste Torheit der ganzen Welt. Joh. Naumanns Buchhandlung: Hamburg 1664. | RIVIÈRE, JEAN-LUC: Pfingstrosen. Auswählen – pflanzen – pflegen. Verlag Eugen Ulmer: Stuttgart 2004. | RÜCKERT, FRIEDRICH: Gedichte. Philipp Reclam jun. Verlag: Stuttgart 1988. | RÜMLER, RUPRECHT: Die Planung einer Staudenrabatte. In: Gartenpraxis. Ulmer Pflanzenmagazin Ausgabe 08/2008, S. 28-34. | WULF, ANDREA: The Brother Gardeners. Botany, Empire and the Birth of an Obsession. William Heinemann Publishing: London 2008. | WUNDERLICH, HEINKE (HRSG.): Blumen auf den Weg gestreut. Gedichte. Philipp Reclam jun. Verlag: Stuttgart 1998. | WÜSTNER, ANDREA (HRSG.): Im Garten. Gedichte. Philipp Reclam jun. Verlag: Stuttgart 2006.

BILDNACHWEIS

Archives Charmet / The Bridgeman Art Library: 16 | Chelsea Physic Garden, London, UK / The Bridgeman Art Library: 13 | Daniela Naumann: 21 TULPE, 21 RANUN-KEL, 25 OBEN LINKS, 25 UNTEN RECHTS, 26, 38 | Fotolia: 47 (© OUTDOORPHOTO), 61 SONNENBLUME (© ROMANA SCHAI-LE), 61 FUCHSIE (© RUTH BLACK), 61 DAHLIE, 77 UNTEN LINKS (© BLITZPHOTO), 70 (© NIKON'AS), 77 UNTEN RECHTS (© MARTINA BERG), 83 GERANIE, 90 UNTEN RECHTS (© PUM-BICRAIG), 105 TRÄNENDES HERZ, 107 OBEN LINKS (© ERNST-BOESE), 118 (© CORNELIA PITHART) | Kriemhild Finken: 9, 25 UNTEN LINKS, 28, 41 SONNENHUT, 43, 77 OBEN RECHTS, 78, 90 OBEN BEIDE, 90 UNTEN LINKS, 93, 105 PFINGSTROSE, 113, 115, 120 OBEN BEIDE, 120 UNTEN RECHTS, 123, 124 | mauritius images / Botanica: 69 | mauritius images / CuboImages: 83 GLADIOLE, 83 FLEISSIGES LIESCHEN, 97, 102 | photocase: 61 PETUNIE (© KNIPSERMANN) | pixelio: 21 KAISERKRONE (© ULLA TRAMPERT), 34 (© KARIN JÄHNE), 41 PALMLILIE (© MEERIS), 41 ROTER SONNENHUT (© MARBU), 41 PHLOX (© REGINA TOMASEK), 41 GOLDMOHN, 59 (© DO-MINO), 50 (© M.E.), 54 (© USCHI DREIUCKER), 61 BEGONIE (© M. HAUCK), 62 (© FRANZ K.), 65 (© MARCUS STARK), 74 (© MARCO BARNEBECK), 77 OBEN LINKS (© WITCHEWITCH), 83 LOBELIE (© SUESCHI), 83 MITTAGSBLUME (© GITTI), 84 (© ROLF PLÜHMER), 88 (© KLADU), 95 (© RUTH R.), 100 (© INA FUNKE), 105 CHRYSANTHEME, 105 PRACHTSPIERE, 127, 129 (© HARALD-KU), 107 OBEN RECHTS (© MARIA LANZNASTER), 107 UNTEN LINKS (© MONIKA HERKENS), 107 UNTEN RECHTS (© MARCEL BIELEFELDT) | Saskia Bannasch: 21 HYAZINTHE, 25 OBEN RECHTS, 105 HORTENSIE, 109, 120 UNTEN LINKS | Württembergische Landesbibliothek: 23, 29, 37, 64, 89, 94, 108, 112 (WEINMANN, EIGENTLICHE DARSTELLUNG, 1735), 32 (KNIPHOF/TRAMPE: BOTANICA IN ORIGINALI SEU HERBA-RIUM VIVUM, 1757–1758), 44 (TREW, PLANTAE SELECTAE, 1750–1773), 52, 72, 81 (KERNER, HORTUS SEMPER VIRENS, 1797–1819), 56 (JACQUIN, HORTUS BOTANICUS VINDO-BONENSIS, 1770–1776), 66 (JACQUIN, ICONES PLANTARUM RARIORUM, 1781–1793), 69 (WALLICH, PLANTAE ASIATICAE RARIORES, 1830–1832), 98 (KNORR, THESAURUS REI HER-BARIAE, 1772), 125 (SIEBOLD, FLORA JAPONICA, 1835–1870).

Verlag und Autorin danken allen Rechteinhabern für die freundliche Genehmigung zum Nachdruck sowie besonders Herrn Dr. Eberhard Zwink, dem Leiter der Abteilung Alte und Wertvolle Drucke der Württem-bergischen Landesbibliothek Stuttgart, für seine fach-kundige Unterstützung.

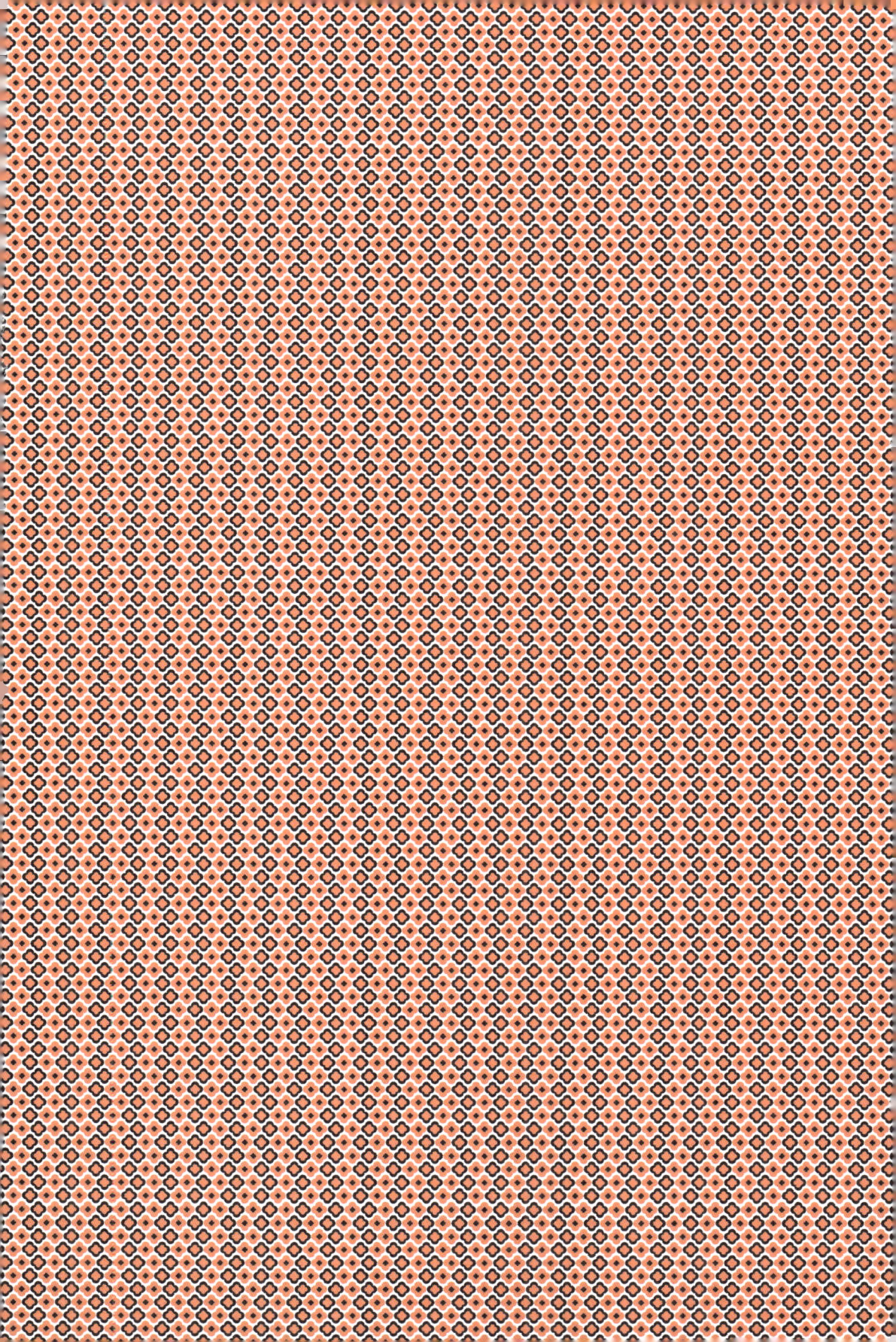

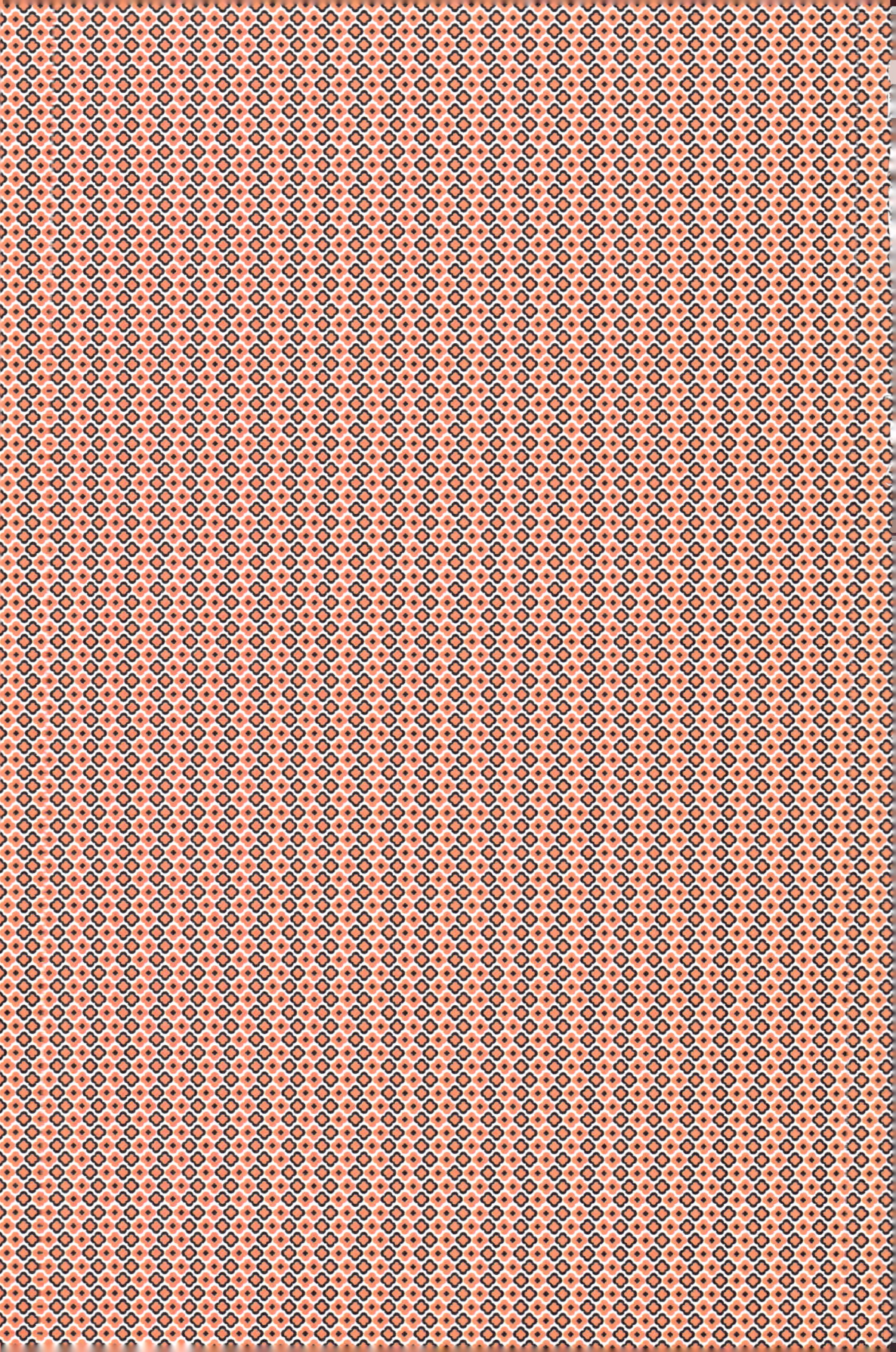